충효의 정신이
살아 숨 쉬는,

영천 백운재 권응수 종가

기획 경상북도 · 경북대학교 영남문화연구원 | **지은이** 정석태

경북의 종가문화 연구진

연구책임자	정우락(경북대 국어국문학과)
공동연구원	이세동(경북대 중어중문학과)
종가선정위원장	황위주(경북대 한문학과)
종가선정위원	이수환(영남대 역사학과)
	홍원식(계명대 철학과)
	배영동(국립경국대 문화유산학전공)
	조재모(경북대 건축학과)
	이치억(공주대 윤리교육과)
종가연구팀	김소연(영남문화연구원 연구원)
	정보선(영남문화연구원 연구원)
	김나혜(영남문화연구원 연구원)
	신소윤(영남문화연구원 연구원)
	왕지화(영남문화연구원 연구보조원)

축·간·사

경상북도에서 『**경북의 종가문화**』 **시리즈** 발간사업을 시작한 지 벌써 16년째가 되었습니다. 본 사업은 더 늦기 전에 지역의 종가문화를 기록으로 남겨 후세에 전해야 한다는 절박함에서 비롯되었고, 그간 많은 분들의 노고에 힘입어 어느새 80권의 책자가 발간되는 데 이르렀습니다. 이러한 결실은 우리 지역의 문화자산으로 자리 잡아 가고 있어, 경북 도민의 한 사람으로서 무척 보람되게 생각합니다.

경북은 예로부터 수많은 명현거유名賢巨儒가 배출되었고, 그분들이 이룩한 전통문화가 집적되어 온 중심입니다. 특히 이러한 전통문화의 중심에는 바로 경북의 종가宗家가 있습니다. 종가는 수백 년에 걸쳐 지역 사회의 구심점이자 전통문화의 상징으로 자리 잡아 그 역할을 묵묵히 수행해 왔습니다. 우리 도는 많은 수의 종가가 고유의 문화를 오늘날까지 지켜 오고 있기에, 우리나라 종가문화의 보고寶庫라고 해도 과언이 아닙니다.

하지만 최근 급변하는 사회와 종손·종부의 고령화 등으로 인해 종가문화가 점차 훼손·소멸되고 있는 실정입니다. 이에 경상북도에서는 종가문화를 보존·활용하는 한편, 발전적으로 계승하기 위해 2009년부터 '**종가문화 명품화 사업**'을 추진해 오고 있습니다. 체계적인 학술조사 및 연구를 통해 관련 인프라를 구축하고, 명품 브랜드화하는 등 향후 발전 가능성을 모색하기 위해 다방면으로 노력하고 있습니다.

경북대학교 영남문화연구원을 통해 2010년부터 추진하고 있는 『경북의 종가문화』 시리즈 발간도 이러한 사업의 일환입니다. 도내 종가를 대상으로 현재까지 『경북의 종가문화』 시리즈 80권을 발간하게 되었으며, 결과물은 관계 문중은 물론 일반인들로부터도 큰 호응을 얻고 있습니다. 이들 시리즈는 종가의 입지 조건과 형성 과정, 역사, 종가의 의례 및 생활문화, 건축문화, 종손과 종부의 일상과 가풍의 전승 등을 토대로 하여 일반인들이 쉽고 재미있게 읽을 수 있는 교양서 형태의 책자 및 영상물(USB)로 제작되었습니다. 철저한 현장 조사를 바탕으로 하여 관련 분야 전문가들이 집필함으로써 알차게 내용을 꾸미는 한편, 개별 종가의 특징을 부각시키고자 노력하였습니다.

이러한 노력으로, 금년에는 『**상주 난재 채수 종가**』, 『**김천 매계 조위 종가**』, 『**영양 회곡 권춘란 종가**』, 『**영천 백운재 권응수 종가**』 등 4곳의 종가를 대상으로 시리즈 4권을 발간하게 되었습니다. 이 시리즈의 발간은 계속되어 도내 100개 종가를 목표로 연차적으로 추진해 나갈 계획입니다. 이러한 시도는 종가 관련 자료의 축적을 통해 종가문화 보존 및 활용을 위한 기초자료를 제공함은 물론, 일반인들에게 우리 전통문화의 소중함과 우수성을 알리는 데 크게 도움이 될 것입니다.

최근 유교적 가치와 문화에 대한 재조명이 활발히 이루어지고 있습니다. 그 바탕에는 오늘날까지 전통문화를 올곧이 지켜 온 종문宗門의 숨은 저력이 있었음을 기억하며, 우리 도에 내재한 전통문화를 계승해 나가야 할 것입니다. 이를 통해 경북의 정체성 확립은 물론, 미래지향적인 새로운 정신을 찾아 세계적 정신문화로의 발전으로까지 이어질 수 있을 것이라 확신합니다.

앞으로 경상북도에서는 현재 잊혀져 가는 종가문화에 대한 국가차원의 컨트롤 타워 건립 유치를 위해 힘쓸 것입니다. 아울러 종가문화에 대한 지속적인 조사·연구 추진과 더불어, 종가의 보존관리 및 활용방안을 모색하는 데 적극 노력해 나갈 것을 약속드립니다. 이를 통해 전통문화를 소중히 지켜 오신 종손·종부님들의 자긍심을 고취시키고, 나아가 전국의 종가를 연계하는 종가문화 네트워크 구축과 더불어 종가문화를 세계적인 명품브랜드로 육성해 나갈 계획입니다.

끝으로 이 사업을 위해 애쓰신 정병호 경북대학교 영남문화연구원장님과 연구책임자이신 정우락 교수님을 비롯한 연구원 여러분, 그리고 집필자분들의 노고에 진심으로 감사드립니다. 아울러, 각별한 관심을 갖고 적극적으로 협조해 주신 종손·종부님께도 감사의 말씀을 드립니다.

2025년 4월
경상북도지사 이 철 우

지·은·이·의 말

오래전 포항에 있는 한 대학에 근무할 때, 임진왜란 때 충의공 백운재 권응수 장군의 용맹함에 대해 익히 들어 알고 있었다. 공이 영천성 탈환의 걸림돌이 되었던 관노 희손 일당을 먼저 제거한 다음 큰 도끼를 들고 선봉에 서서 왜적을 공격하여 단번에 영천성을 탈환했다는 이야기였다. 그 이야기를 들었을 당시에는, 권응수 장군은 용맹한 전쟁 영웅이기에 앞서 몹시 사납고 무서운 인간의 모습으로 그려졌다.

임진왜란에 대한 우리의 기억은 어떤가? 일제강점기 36년 동안의 지배에 따른 강한 적대감에 토대하여 일본의 침략을 막연하게 분노하는 감정 외에, 과연 우리가 얼마나 정확한 정보를 가지고 임진왜란의 전쟁 과정을 이해하고 있는지는 의문이다. 이때 흔히 하게 되는 말이 대비도 없이 너무나 급작스럽게 당한 일방적인 침략과 짧은 기간에 국토 대부분을 내놓는 연속적이고 어이없는 패배로 실록을 위시한 공사의 문적이 모두 소실되면서, 현재 우리는 그에 대해 거의 아무것도 알 수 없게 되었다는 것이다.

내가 지금 사는 밀양은 동래에서 하룻길 정도밖에 되지 않기 때문에 임진왜란 당시 곧바로 전쟁의 소용돌이 속으로 들어가게 되었다. 그 와중에 밀양성과 밀양의 여러 명문가, 지역 관련 공사 문적이 모두 소실되었다. 그래서인지 임진왜란 때 부산포로 상륙한 왜군 제1군의 주요 진격로에 대한 정보조차도 불명확하다. 현재 밀양 삼랑진 작원관에는 왜군 제1군의 주력을 일시 방어한 사실을 기념하는 전적비를 세워 두었다. 그러나 지역의 전승과 후대에 수습된 기록들, 그리고 작원관 일대의 지형을 합해 보자면, 왜군 제1군의 주요 진격로와 주요 병참 수송로는 이곳 작원관 쪽이 아니었을 가능성이 크다.

임진왜란과 밀양에 대해 한창 관심을 두고 여러 자료를 보던 중에 백운재종가의 집필을 의뢰받게 되었다. 그래서 이참에 한번 깊이 공부해 보자는 생각에 주저하지 않고 수락하였다. 한편으로는 이미 보아 두었던 자료들을 잘 활용하면 손쉽게 쓸 수 있겠다는 안이한 생각도 없지 않았다. 하지만 집필에는 어려움이 적지 않았다. 그러함에도 불구하고 나로서는 집필하면서 다음 두 가지 사실을 분명하게 알게 된 것은 큰 소득이 아닐 수 없다. 첫째로 충효라는 성리학의 이념과 하나로 통합된 조선의 군사제도가 건국 이후 전란 없는 태평의 200년을 보낸 뒤에도 여전히 탄탄하게 살아 있었다는 사실이고, 둘째로 권응수 장군은 일개 무인이 아니라 지략과 무위를 겸비한 간세의 영웅이었다는 사실이다.

아무리 의병이라고 하더라도 정규 군사훈련을 받지 않은 농민을 병사로 삼아 군대를 편성하여 전투에 임하기는 어렵다. 또 그들에게 지급해야 할 병장기를 위시한 많은 군사 물자를 국가에서 제공하지 않고 개인이 마련하기도 어렵다. 그러나 설사 이 두 조건 모두 충족된 군대를 편성하더라도 뛰어난 전략을 갖춘 지휘관이 있지 않으면, 전략 요충의 견고한 영천성에 주둔한 1,000여 명의 왜군을 공격하여 성을 탈환하는 일은 비록 예닐곱 배의 병력을 가지고도 어려운 일이었을 것이다. 따라서 임진왜란이 끝난 뒤의 논공행상에서 권응수 장군이 선무공신 2등 제2위 전체 제5위에 오른 것은, 영천성 탈환과 그에 따른 임진왜란 전장 국면의 전환에 대한 합당한 포상이었음은 의심의 여지가 없다.

지난 일 년 동안 이 책을 집필하면서 임진왜란과 조선이라는 나라에 대해 다시 생각해 보게 되었다. 또 권응수 장군의 인간상을 막연히 사납고 무서운 인간의 모습에서 지략과 무위를 겸비한 간세의 영웅으로 분명하게 그릴 수 있게 되었다. 지금 이 책에 담은 내용이 권응수 장군을 알고, 또 근대에 이르기까지 영천 지역에서 백운재종가가 행한 역할을 알고, 나아가 임진왜란과 조선이라는 나라를 알아 나가는 데 다소간의 도움이 되었으면 하는 바람이다. 그러나 이 책은 일 년이라는 길지 않은 집필 기간에 내가 본 것들 일부를 가지고 어설프게 글로 엮은 것이라서 미흡한 점이 많을 것이다. 그에 대해서는 앞으로 계속 공부하여 보완해 나갈 계획이다. 읽으시는 분들은 이 점을 살펴 주셨으면 한다.

이 책을 집필하는 과정에 많은 분의 도움을 받았다. 먼저 이 책을 집필하도록 권유하고 격려해 준 경북대학교 영남문화연구원 종가팀 연구책임자 정우락 교수님에게 감사드린다. 이와 함께 인터뷰 자료, 사진 자료 등 관련 자료들을 알뜰히 챙겨 주고 또 거친 원고를 꼼꼼하게 검토해 준 경북대학교 영남문화연구원 종가팀에게도 고마운 마음을 전한다. 끝으로 집필 과정에 기존 번역서와 여러 자료에서 많은 도움을 받았다. 하지만 대중서로서의 집필 방침상 그에 대해 일일이 주석을 달지 못한 채 책 뒤에 참고문헌으로만 일괄 제시하였다. 너그러이 이해해 주시기를 바란다.

2025년 4월

정석태

영천 백운재 권응수 종가

목 차

제1장

백운재 종가를 일궈 온 사람들

충의공忠毅公 백운재白雲齋 권응수權應銖(1546~1608)는 임진왜란 발발 초기 영남 지역의 의병대장이다. 그는 '창의정용군倡義精勇軍'을 조직해 영천성永川城을 수복한 뒤, 임진왜란과 정유재란 등 전란 기간 내내 경상도 병마사와 방어사 등으로 복무하면서 왜적 퇴치에 전력하여, 선무공신 2등 제2위 전체 5위에 책록되었고 화산군花山君에 봉해졌다. 임진왜란 전장의 국면을 전환한 영천성 수복이 임진왜란 3대 대첩에 버금가는 큰 승리이자, 조선군 최초의 승리였던 점을 높이 평가한 것이다.

권응수가 이 대첩을 이룰 때 조직한 '창의정용군'의 모체가 집안의 자제와 숙질 등 가인家人을 중심으로 결성한 영천과 영남지역의 여러 의병이었다는 사실은 우리에게 '충효忠孝'가 어떤 의미를 갖는 윤리인지 다시금 생각하게 한다. '충효'는 지나간 옛 시대에나 통용되는 낡은 도덕관념이 아니다. 가정을 보존하고(효孝), 그를 기반으로 지역을 수호하고 나라에 헌신한다는(충忠) 측면에서 현대에도 여전히 지켜야 할 윤리임이 분명하다.

충의공 권응수
(국립진주박물관 제공)

권응수는 조선시대 대표적인 효자 가문 안동권씨安東權氏가 낸 만고의 충신으로, 가정에서는 충효의 정신을 대대로 계승하게 했을 뿐 아니라, 영천과 영남지역에서는 그 정신으로 지역사회를 교화해 나가도록 하였다. 그래서 후손들과 지역민은 병자호란과 정묘호란, 대한제국 말기와 일제강점기 등 국난의 시대에 창의와 독립운동에 적극적으로 참여하였다. 이 모두가 권응수 장군이 본보기를 보이고, 백운재 충의공 권응수 종가가 중심에 서서 지역의 유풍儒風을 선도한 결과가 아닐 수 없다.

1 안동에서 영천으로 이주하다

영천시 옛 신녕현新寧縣 지역의 안동권씨는 권행權幸을 시조로 하고, 권열權挒(?-?)을 입향조로 하는 지역에 세거하는 성씨이다. 시조 권행은 신라 왕실의 후손으로, 본래는 신라 왕실과 동성인 김씨金氏였다. 930년 왕건의 고려군이 견훤의 백제군과 대치할 때, 김행이 김선평金宣平·장정필張貞弼과 함께 고창군高昌郡 병산屛山에서 백제군과 싸워 크게 이기는 공을 세우니, 왕건이 고창군을 안동부로 승격하여 이들에게 식읍으로 내림과 동시에 권씨 성을 내린 것이 안동권씨의 시작이다. 권행·김선평·장정필 세 사람은 고려 창업을 도운 공으로 '삼한벽상 아부공신 삼중대광태사三韓壁上亞父功臣三重大匡太師'에 제수되었다. 983년(고려 성종 2) 고려를 향한 권행·김선평·장정필 삼태사의 이러한 충절을 기리기 위해 현재의 안동시 북문동에 삼태사묘三太師廟를 세웠다.

시조 권행 이후로 안동권씨는 고려 때 대대로 안동의 호족으로 향리직鄕吏職을 세습하였고 또 중앙 관직에 진출하기도 하였다. 2세 권인행權仁幸은 낭중郎中을 지냈으며, 3세 권책權冊은 정조호장正朝戶長을 지냈으며, 4세 권균한權均漢은 우일품별장右一品別將을 지냈으며, 5세 권자팽權子彭은 정조호장을 지냈으며, 6세 권선개權先蓋는 호장동정戶長同正 행行 익아교위翼牙校尉를 지냈으며, 7세 권염權廉은 호장동정 행 배융교위陪戎校尉를 지냈으며, 8세 권이여權利輿는 호장戶長을 지냈으며, 9세 권중시權仲時는 보승별장保勝別將을 지내고 전중내급사殿中內給事에 증직되었으며, 10세 권수홍權守洪은 은청광록대부銀靑光祿大夫 추밀원부사樞密院府事 상서좌복야尙書左僕射 상장군上將軍을 지냈으며, 11세 권자여權子輿는 금자광록대부金紫光祿大夫 지문하성사知門下省事 병부상서兵部尙書를 지냈으며, 12세 권윤보權允保는 중문지후中門祗候를 지냈으며, 13세 권연權演은 판관을 지냈으며, 14세 권식權軾은 자덕대부資德大夫를 지냈으며, 15세 권시중權時中은 문과에 장원을 하고 지서주사知瑞州事와 전서典書를 지냈으며, 16세 권도權度는 영동정領同正을 지냈다.

조선에 들어와서 17세 권질權晊(1358~1445)은 호가 모헌慕軒이고, 개령 현감開寧縣監을 지냈다. 당시로서는 드물게 모친상에 삼년상을 지내 그 효행으로 1402년(태종 2) 태종이 정려를 내렸고,

후일 『동국신속삼강행실도東國新續三綱行實圖』에 「권질거려權晊居廬」로 수록되었다. 18세 권시權偲(1386–1450)는 호가 탄옹炭翁이고, 문과에 급제하여 이조 좌랑과 직보문각直寶文閣을 지냈으며, 사헌부 집의에 추증되었다. 19세 권열은 자가 평중平仲이고, 호가 구의헌九宜軒이다. 1465년(세조 11) 식년문과에 급제하여 1474년(성종 5)경 무안 현감務安縣監을 역임하였으며, 1476년(성종 7) 사헌부 지평에 제수되고 뒤에 광주 목사光州牧使를 역임하였다. 1496년(연산군 2) 광주 목사 재임 시에 연산군의 난정을 충절로 직간하다가 낙향하여, 안동시에서 영천시 옛 신녕현 지역인 지금의 영천시 화산면 가상리 화산華山 기슭 가래실(추곡楸谷)로 이주했다고 전해온다. 지금은 권질의 정려각을 영천시 화산면 가상리 모산茅山에 복원해 두었다.

19세 권열은 영천시 옛 신녕현 지역 안동권씨의 입향조로서 권응수의 고조부이다. 권열은 안동시에서 영천시 화산면 가상리 화산 기슭 가래실로 이주한 다음 이 마을 중앙에 느티나무를 심었는데, 후손들이 대대로 이 나무 아래에서 시서詩書를 강론하고, 예의와 활쏘기를 익혔다고 한다. 권응수 등 후손들은 시조 권행 이후 17세 권질과 19세 권열을 거치면서 전세傳世의 가훈으로 자리 잡은 '이효위충以孝爲忠'의 정신, 곧 집안에서 부모에게 효도하고 그 마음을 가지고 나가서는 임금에게 충성한다는 정신을 익혔다. 그러다 임진왜란을 당하자 형제 숙질이 이곳에서 창의하여 이름이 역사에 올랐지만 자신들의 공적을 내세우지 않았다. 이것

효자 전 현감 권질지려

가래실 느티나무

은 후한後漢의 장군 풍이馮異가 전쟁에서 승리한 뒤의 논공행상 때 큰 나무 뒤에 몸을 숨긴 것처럼, 충절을 드높이고도 자신을 숨길 줄 알았던 선조 권열이 이 느티나무에 담은 큰 뜻을 가슴 깊이 새긴 까닭이다. 권열의 현손 풍영정風詠亭 권응도權應道(1616–1674)는 1669년(현종 10)에 이 나무의 이름을 풍영정이라 하고 그것을 자신의 호號로 삼았다. 그는 이 느티나무 주위에 돌을 쌓아 뿌리를 보호하였으며 때때로 집안의 자제들을 거느리고 와서 시를 읊고 예의를 익혔다고 한다.

백운재종가를
일궈 온 사람들

2 화산 기슭에 터 잡고 살다

19세 권열은 20세 권처원權處元·권처형權處亨·권처정權處貞(?–1489)의 세 아들을 두었다. 이 중에서 권처원의 자손들은 권열이 목사로 재직했던 광주光州 지역에 세거하고, 권처형의 자손들은 경주시 강동면 단구리丹邱里 일원에 세거하므로, 현재 영천시 일원에 세거하는 안동권씨 권열의 후손은 모두 권응수의 증조부 권처정의 자손들이다. 권열이 처음 영천시 화산면 가상리 화산 기슭 가래실에 터전을 잡은 뒤 그 터전을 권처정이 이어받아 살고부터, 그곳을 중심으로 영천시 화산면·화남면·화북면·신녕면 등 옛 신녕현의 화산 일대를 비롯해 주변 군위군·의성군·경주시·울주군 등의 지역으로 넓게 퍼져 살게 되었다.

20세 권처정은 21세 권난權鸞(?–1552)·권봉權鳳·권붕權鵬·권응權鷹·권황權凰의 다섯 아들을 두었다. 이 가운데 권난과 권붕은 가래실에 거주하였고, 권봉은 경주시 안강으로 이주하였다. 권응은 후사가 없으며, 권황은 영천시 화산면 가상리 모산으로 분가하였다. 21세 권난은 22세 권덕충權德忠·권덕신權德臣(1518–1578)·권덕인權德仁·권덕의權德義·권덕례權德禮의 다섯 아들을 두었다. 이 가운데 권덕충은 가래실에 거주하였다. 권덕신은 가래실에 거주하다가, 나중에 같은 영천시 화북면 오산리 동곡桐谷으로 분가하였다. 권덕인은 같은 영천시 화북면 선천리 학지鶴旨로 분가하였고, 권덕의는 군위군 삼국유사면 학암리 이곡梨谷으로 이주하였으며, 권덕례는 울주군 언양읍 내와리 내와內瓦로 이주하였다. 이 중 21세 권난과 22세 권덕신이 권응수의 조부와 부친이다. 권응수가 임진왜란 때의 공훈으로 선무공신 2등 제2위 전체 제5위의 화산군에 봉해지고 의정부 좌찬성에 추증되면서 조부 권난은 호조 참판에 추증되었고, 부친 권덕신은 순충적덕보조공신純忠積德補祚功臣 능라군綾羅君 의정부 우찬성에 추증되었다.

22세 권덕신은 부인 성주이씨星州李氏와 영천이씨永川李氏의 사이에 23세 권응수·권응전權應銓·권응평權應平·권응생權應生의 네 아들을 두었다. 이들은 모두 가래실을 중심으로 한 옛 신녕현 화산 주변에 거주하다가 임진왜란을 당하자 권응수의 창의에 호응하여 그의 의병군에 참여하였다. 옛 신녕현의 읍지邑誌인 『화산지花山誌』 권2의 충훈편忠勳篇과 녹훈편錄勳篇에 기록된 임진왜란 때의 공신 가운데 충훈편의 7인 중 4인, 녹훈편의 22인 중 16인, 총 20인이 안동권씨이다. 들어 보면 다음과 같다.

① 충훈편 4인

권응수權應銖(1546–1608): 선무공신 2등, 시호 충의忠毅

권응전權應銓(1548–1606): 선무원종공신 2등, 권응수의 아우

권응심權應心(1554–1597): 선무원종공신 1등, 권응수의 재종제

권응평權應平(1557–1612): 선무원종공신 1등, 권응수의 아우

② 녹훈편 16인

권덕시權德時(1555–1624): 선무원종공신 2등, 권응수의 당숙, 권황의 아들

권덕성權德成: 선무원종공신 2등, 권응수의 당숙, 권황의 아들, 권덕시의 아우

권응추權應錘(1547–1610): 선무원종공신 2등, 권응수의 종제

권응기權應箕(1565–1641): 선무원종공신 3등, 권응수의 재종제, 권응심의 아우

권응생權應生(1560–1615): 선무원종공신 3등, 권응수의 아우

권구權遘(1589–1631): 선무원종공신 3등, 권응수의 아들

권명權蓂: 선무원종공신 3등, 권응수의 조카, 권응전의 아들

권윤權胤: 선무원종공신, 권응수의 재종질, 권응추의 아들

권우權遇: 선무원종공신 3등, 권응수의 서자

권적權迪: 선무원종공신 3등, 권응수의 서자, 권우의 아우

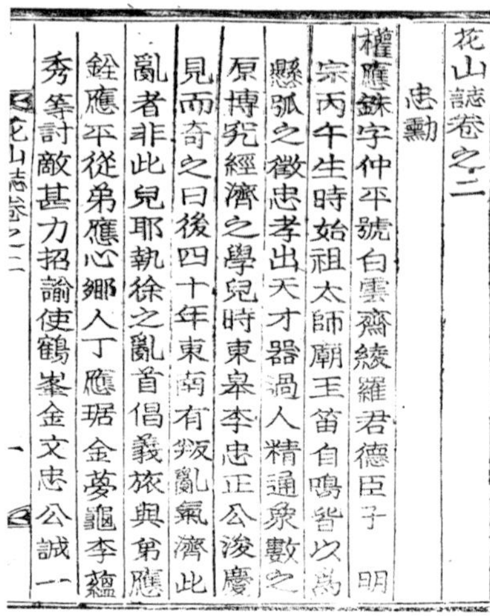

花山誌卷之二

忠勳

權應銖字仲平號白雲齋綾羅君德臣子 明
宗丙午生時始祖太師廟王笛自鳴皆以爲
懸弧之徵忠孝出天才器過人精通象數之
原博究經濟之學兒時東皐李忠正公浚慶
見而奇之曰後四十年東南有叛亂氣濟此
亂者非此兒耶執徐之亂首倡義旅與弟應
銓應平從弟應心鄉人丁應琚金蓂龜李蘊
秀等討敵甚力招諭使鶴峯金文忠公誠一

花山誌卷之二 一

『화산지』 권2 「충훈」(국립중앙도서관 제공)

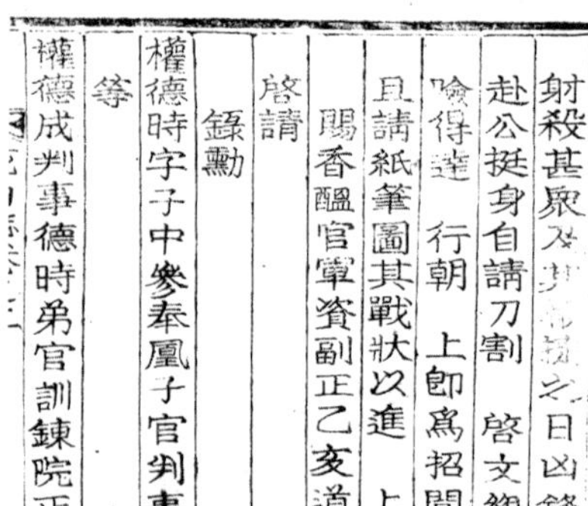

射殺甚衆及其[illegible]之日凶鋒絕路無人願
赴公挺身自請刀割 啓文綢紋織屨而冒
險得達 行朝 上卽爲招問公前對甚悉
且請紙筆圖其戰狀以進 上稱善不已特
賜香醞官單資副正乙亥道臣以褒贈事
啓請

錄勳

權德時字子中參奉凰子官判事宣武原從二
等
權德成判事德時弟官訓鍊院正宣武原從二

『화산지』 권2 「녹훈」(국립중앙도서관 제공)

권건權建: 선무원종공신 3등, 권응수의 조카, 권응평의 아들

권진權進: 선무원종공신 3등, 권응수의 조카, 권응평의 아들, 권건의 아우

권일權逸: 선무원종공신 3등, 권응수의 조카, 권응생의 아들

권수權遂: 선무원종공신 3등, 권응수의 조카, 권응생의 아들, 권일의 아우

권을생權乙生: 선무원종공신 3등, 권응수의 서자, 권적의 아우

권치렴權致廉: 선무원종공신 2등, 권응수의 종질, 권덕충의 손자

이처럼 권응수의 당숙, 아우, 종제, 재종제, 아들과 조카, 종질, 재종질 등 집안의 자제와 숙질 등 가인을 중심으로 결성한 의병군이 다른 집안에서 권응수의 의병군과 같은 형태로 조직한 의병군과 '창의정용군'이란 기치 아래 연합하여 이루어 낸 성과가 영천성 수복 전투의 승리이다. 임진왜란 전장의 국면을 전환한 영천성 수복은 임진왜란 3대 대첩에 버금가는 큰 승리이자, 조선군 최초의 승리였다. 그가 이 대첩을 이룰 때 조직한 '창의정용군'의 모체가 집안의 자제와 숙질 등 가인을 중심으로 결성한 옛 신녕현의 의병군과 영천군 및 영남 지방 여러 의병군이었다는 사실은, 이 지역 사람들에게 '충효'가 어떤 의미를 갖는 윤리인지 깊이 각인시키게 되었다. 효를 통해 가정을 보존하고, 그것을 충으로 확장하여 지역을 수호하고 나라에 헌신하는 기풍을 진작시키게 된 것이다. 그 중심에 백운재종가白雲齋宗家가 있었다.

풍영정

이와 함께 옛 신녕현 화산 기슭에는 백운재종가와 혈연으로 굳게 결속된 안동권씨의 집성촌集姓村이 산재하여 백운재종가를 중심으로 이루어지는 향내의 여러 사업을 지원하였다. 지금도 이 지역에는 영천시 화산면 가상리 가래실문화마을을 위시한 여러 곳에 안동권씨의 문화유산이 남아 있다. 가래실문화마을에는 권열의 재실 모선재慕先齋, 권처정의 수강당壽康堂, 권난의 재실 원모재遠慕齋, 권응심의 일성정日省亭, 권덕온權德溫의 재실 입동재廿洞齋, 권응도의 풍영정風詠亭, 권응형權應衡의 경휘정景徽亭 등이 있다. 영천시 화산면 암기리에는 권태일權泰一의 춘영정春暎亭이 있으며, 영천시 매산동에는 권달호權達祜의 요산정樂山亭이 있다. 그리고 영천시 신녕면 치산리에는 권응수의 귀천서원龜川書院과 어사영각御賜影閣이 있으며, 영천시 신녕면 화남리에는 권응수장군유물각權應銖將軍遺物閣과 경충사景忠祠, 권산보權山甫의 청류당聽流堂, 권상현權象鉉의 면와고택俛窩古宅, 권재병權載秉의 화남재花南齋, 권치곤權致坤의 양심당養心堂 등이 있다. 또 영천시 화남면 금호리에는 권응평權應平의 동암정東巖亭이 있으며, 영천시 화북면 오산리에는 권덕신權德臣의 재실 광사재廣思齋 등이 있다.

백운재종가를
일궈 온 사람들

3 화양동과 갑현에 종가를 두고 지역 유풍을 선도하다

23세 권응수는 아들로 24세 권구權遘(1589~1631)와 서자 권우權遇·권적權迪·권을생權乙生을 두었다. 권응수의 아들 24세(종손 1세) 권구로부터 백운재종가가 시작된다. 권구의 자는 형숙亨叔, 사과를 지내고 선무원종공신 3등에 책록되었다. 그는 선친 권응수가 1601년(선조 34, 56세) 7월 이후 복거卜居하던 영천시 신녕면 매양리 화양동華陽洞(어일동於逸洞)에서 백운재종가를 열었다. 권응수의 사후 17년이 되는 1624년(인조 2)에 알 수 없는 화재로 종가가 소실되었으나 복구해서 그대로 살았다. 후손들이 전하는 이때 종가의 형세는 이러하다.

구의헌(권열) 선조가 안동시에서 영천시 화산면 가상리 가래실에 입향하시고, 충의공이 그곳 가래실에서 창의하신 뒤 나중에 영천시 신녕면 매양리 화양동(어일동)으로 오셨는데, 그에 대해서는 전설이 있습니다. 화양동에는 아흔아홉 칸 종가가 있었습니다. 우리 선조는 선무공신으로 화산군에 봉해지고 공조 판서를 지내신 뒤 좌찬성에 추증되셨으니, 신녕 고을 원님이 오면 급이 크게 차이가 나잖아요. 그래서 신녕 고을 원님이 부임해도 꼼짝 못 했다고 합니다. 하루는 어떤 스님이 지나가다가 원님에게 "원님은 이제 경치 좋은 곳에 부임하셨으니 살기 좋으시죠?"라고 하자, 원님이 "저 안동권씨 충의공 자손들 때문에 못 살겠다."라고 하더랍니다. 그러자 그 스님이 원님에게 마을 앞쪽 강변에 있는 버드나무 숲을 다 베어 버리면 안동권씨 충의공 종가가 사라질 거라고 일러 주어 그렇게 하고는 1년 만에 종가에 불이 났다고 합니다.

종가의 화재 이후에도 24세(종손 1세) 권구는 그대로 화양동에 살아서 자손들은 처음에 그 주변에 세거하게 되었다. 그러다가 영천시 신녕면 매양리 화양동에서 같은 신녕면 화남리 갑현甲峴(갑티, 갑령甲嶺)으로 이주해서 그곳에다 백운재종가를 다시 연 것은 30세(종손 7세) 권준병權準秉(1760~1843)이다. 그는 24세(종손 1세) 권구의 넷째 아들 권산보權山甫(1629~1707)의 주손胄孫으로 태어나서 당시 후사가 없던 백운재종가에 양자로 들어왔다. 초명은 의평宜平, 자는 계선繼先이다. 화양동에서 자기 생가가 있던 갑현으로 종가를 옮겨 살았다고 한다. 그래서 백운재종가의 자손들은 화양동과 갑현 등에 세거하게 되었다.

24세 권구는 25세 권산중權山重(1616–1651)·권산준權山峻(1622–1651)·권산후權山厚(1627–1690)·권산보의 네 아들을 두었다. 권산중의 자는 인보仁甫이고, 호는 화재華齋이며, 대호군을 지냈다. 자손들은 그가 원래 살던 화양동과 후일 5대손 권준병이 종가를 옮겨 살았던 갑현에 세거하였다. 권산준의 자는 극보極甫이고, 대호군大護軍을 지냈다. 자손들은 영천시 청통면 송천리 송천松川에 세거하였다. 권산후의 자는 재보載甫이고, 충의위忠義衛이다. 자손들은 영천시 신녕면 치산리 도근道斤과 성주군에 세거하였다. 권산보의 자는 상주相周이고, 호는 청류당聽流堂이며, 호군護軍을 지냈다. 영천시 신녕면 매양리 화양동에서 같은 영천시 신녕면 화남리 갑현으로 이주해서 청류당종가聽流堂宗家를 열었다. 자손이 가장 번성하였다. 자손들은 갑현, 군위군 의흥면 이지리 이지梨枝, 영천시 화남면 온천리 온천溫川, 경주시 산내면 대현리 동곡銅谷, 경주시 산내면 우라리 우라牛蘿, 경주시 서면 운대리 운대雲臺, 영천시 북안면 원당리 원정院亭 등에 널리 퍼져 세거하였다.

25세 권산중은 딸 하나 외에 아들을 두지 못해 아우 권산준의 둘째 아들 권진형權震衡(1643–1712)을 양자로 들여 대를 이었다. 백운재종가의 종손 1세인 24세 권구 이하 종손을 들어 보면 다음과 같다.

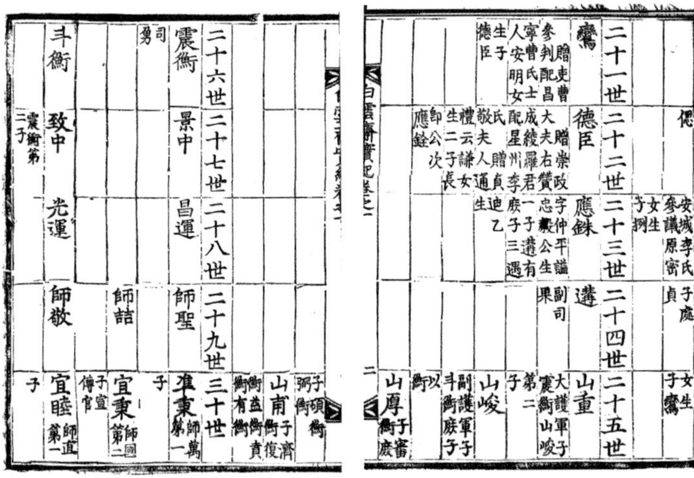

『백운재충의공실기』 권수卷首 「백운재충의공세계지도」(국립중앙도서관 제공)

24세(종손 1세) 권구權遘(1589-1631)

25세(종손 2세) 권산중權山重(1616-1651)

26세(종손 3세) 권진형權震衡(1643-1712)

27세(종손 4세) 권경중權景中(1670-1713)

28세(종손 5세) 권창운權昌運(1708-1751)

29세(종손 6세) 권사성權師聖(1733-1751)

30세(종손 7세) 권준병權準秉(1760-1843)[권의평權宜平]

31세(종손 8세) 권치경權致經(1794-1868)

32세(종손 9세) 권태현權泰鉉(1813-1867)

33세(종손 10세) 권상락權相洛(1853-1885)

34세(종손 11세) 권영국權寧國(1874–1948)

35세(종손 12세) 권오섭權五燮(1894–1965)

36세(종손 13세) 권혁대權赫大(1918–1950)

37세(종손 14세, 현 종손) 권세형權世瀅(1937년생)

38세(종손 아들, 차종손) 권용욱權容煜(1963년생)

『화산지』와 『안동권씨능라군파보安東權氏綾羅君派譜』 등을 통해, 37세(현 종손, 종손 14세) 권세형에 이르기까지 유고遺稿와 일고逸稿 등 문집을 남긴 것으로 확인되는 자손을 들어 보면 다음과 같다. 31세(종손 8세) 권치경과 그 종제 권치목權致穆(1800–1874)이 유고를 남겼으며, 33세(종손 10세) 권상락이 일고를 남겼으며, 34세(종손 11세) 권영국이 유고를 남기고 옛 신녕현의 읍지 『화산지』를 편찬하였다. 백운재종가의 지파支派로 25세 권산보 계열에서 권산보의 아들 26세 권복형權復衡(1658–1684)이 유고를 남겼으며, 31세 권치화權致和(1798–1846)가 문과에 급제하여 사헌부 장령을 지내고 문집을 남겼다. 31세 권치선權致宣(1817–1890)과 그 아들 32세 권상현權象鉉(1851–1929)이 유고를 남겼으며, 32세 권호연權浩鉉(1838–1908)과 그 아우 권기현權祺鉉(1853–1931)이 유고를 남겼으며, 33세 권기락權耆洛(1854–1921)이 일고를 남겼다. 그 외 백운재종가에서는 31세(종손 8세) 권치경의 아우 권치직權致直(1804–1877)과 권치직의 아들 32세 권최현權最鉉(1827–1891) 등이 문장과 학행으로 이름이 높았다.

백운재종가는 19세기 중후반으로 넘어오면서 영남 지역에서 문한文翰 가문으로 확고히 자리 잡게 되었다. 종가는 선조 권응수의 유지에 따라 귀천서원을 지역 선비들을 교육하는 기관으로 계속 발전시켰다. 이와 함께 조선 전기의 학자 금계錦溪 황준량黃俊良(1517-1563)이 신녕 현감으로 재직할 때 지역 선비들의 교육을 위해 스승 퇴계退溪 이황李滉(1501-1570)에게 자문받아 창건한 백학서원白鶴書院의 운영에도 적극적으로 참여하였다. 백운재종가가 선두에 서서, 임진왜란 때 선조 권응수가 충효를 기치로 창의했을 때처럼, 선조 권응수와 함께 창의했던 옛 신녕현 지역 여러 의병장 후손 가문들과 연합하여 지역의 유풍을 진작시키는 데 힘을 쏟았다. 충효의 진작을 통해 가정을 보존함과 동시에 지역을 수호하고 나라에 헌신하도록 이끌어 갔다. 일제강점기 때 백학서원의 후신인 백학학원白鶴學院에서 많은 항일 독립투사를 길러 낸 것이 그 예이다.

제2장

백운재 종가가 수호해 온 것들

원래라면 백운재종가白雲齋宗家에는 선무공신宣武功臣 2등 제2위 전체 제5위에 화산군花山君으로 봉해진 충의공忠毅公 백운재白雲齋 권응수權應銖(1546-1608)의 종가에 어울리는 많은 유물遺物과 문적文籍, 종가宗家를 위시한 상당한 유적이 남아 있어야 마땅하다. 그러나 권응수의 사후 17년이 되는 1624년(인조 2) 영천시 신녕면 매양리 화양동華陽洞(어일동於逸洞)에 있던 종가에 불이 나 보관하던 많은 유물과 문적이 소실되는 바람에 남은 것이 별로 없게 되었다. 그 뒤 옛날의 형세를 되찾아 종가를 다시 세우고 그 형세를 유지하면서 옮겨 온 영천시 신녕면 화남리 갑현甲峴(갑티, 갑령甲嶺)의 종가 또한 1968년 8월 15일 마을 뒤의 저수지 제방이 터져 종가를 포함한 갑현의 마을 전체가 수마에 쓸려 내려가는 바람에 그나마 남아 보존되던 것조차 대부분 사라지게 되었다. 불난리 뒤에는 남아 있는 것이 있어도 물난리 뒤에는 남아 있는 것이 전혀 없다고, 물난리로 종가마저 사라지고 종손이 고향을 떠나 외지로 나가 살면서 백운재종가 주변에 남아 있던 권응수를 제향하는 귀천서원과 권응수 묘소·묘역 등 유적지의 관리도 제대로 이루어지지 못하고 있다.

1624년(인조 2) 종가의 화재 뒤에 얼마 안 남은 권응수의 유문遺文과 문적은 의천義川 권복형權復衡(1658-1684)이 수습했다. 권복형은 권응수의 넷째 손자 25세 청류당聽流堂 권산보權山甫(1629-1707)의 둘째 아들로, 1667년(현종 8) 9월에 유지有旨 24건과 유서諭書 전사본傳寫本 2건 및 권응수의 친필 간찰簡札 4건을 수습해서 성첩成帖해 두었다. 현재 보물로 지정된 권응수 장군 유물 중 '유지와 간찰'이 그것이다. 26세 권복형의 재종손 28세 권홍운權弘運(1712–1788)은 이것을 기초로 하여 유문인 장계狀啓 1편을 포함해 관련 자료를 대거 보완하고, 연보年譜, 일고逸稿, 계啓, 영천복성기永川復城記, 행장行狀·시장諡狀·신도비명神道碑銘·화상찬畵像贊·유서諭書·교서敎書·제문祭文·만사挽詞 등으로 체제를 잡아 4권 2책의 실기實紀를 편찬하였다. 그리고 이를 목판본木板本으로 간행하였는데, 『백운재충의공실기白雲齋忠毅公實紀』가 그것이다. 이때가 1786년(정조 10)으로 당시 경기 남인의 영수였던 번암樊巖 채제공蔡濟恭(1720–1799)과 영남의 학자 소산小山 이광정李光靖(1714–1789)에게 서문을 받았다.

이 외에 추가해 볼 것으로는 유문 1편과 관련 자료가 일부 있다. 유문으로는 습유拾遺 송암松菴 김면金沔(1541–1593)에 대한 만장挽章 1수가 『송암유고松菴遺稿』 권2 보유補遺에 실려 있다. 관련 자료로는 금릉金陵 남공철南公轍(1760–1840)의 「영천복성비명永川復城碑銘」 1편과 향산響山 이만도李晩燾(1842–1910)의 「영양복성비각상량문永陽復城碑閣上樑文」 1편이 2000년 간행된 국역본 『충의공권응수장군실기忠毅公權應銖將軍實紀』에 추록追錄되어 있고, 남공철의 「권충의공전權忠毅公傳」 1편과 풍석楓石 서유구徐有榘(1764–1845)의 「권응수전權應銖傳」 1편이 각각 『금릉집金陵集』 권13과 『풍석고협집楓石鼓篋集』 권4에 실려 있으며, 일휴정日休亭 이영세李榮世(1618–1698)의 「귀천서원상량문龜川書院上樑文」이 『일휴정집日休亭集』 권2

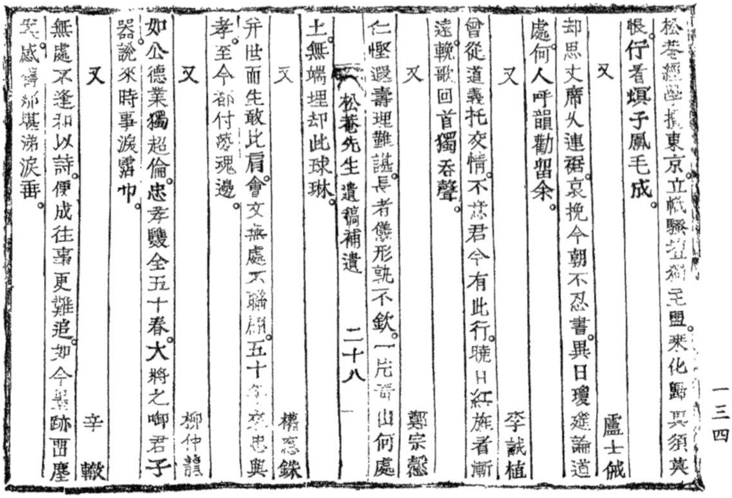
松菴經學推東京立幟驛望毛豐來化鄒冥須莫悵。行看螟子鳳毛成。

又 盧士鋮

却思丈席久連𨄓。哀挽今朝不忍書。異日瓊筵論道處。何人呼韻勸留余。

又 李誠植

曾從道義托交情。不慈君今有此行。曉日紅旗者漸遠。輓歌回首獨吞聲。

又 鄭宗懿

仁慳遐壽理難諶。長者儀形孰不欽。一片青山何處土。無端埋却此球琳。

松菴先生遺稿補遺 二十八

又 權悳銖

弁世而生敢比肩。會文無處不聯翩。五十年來忠與孝。至今都付夢魂邊。

又 柳仲龍

如公德業獨超倫。忠孝雙全五十春。大將之卿君子器。詭來時事淚霑巾。

又 辛轍

無處不逢知以詩。便成往事更難追。如今墨跡留塵案。感舊那堪涕淚垂。

一三四

습유 「만장」(연세대학교 도서관 소장, 이미지 한국고전번역원 한국고전종합DB 제공)

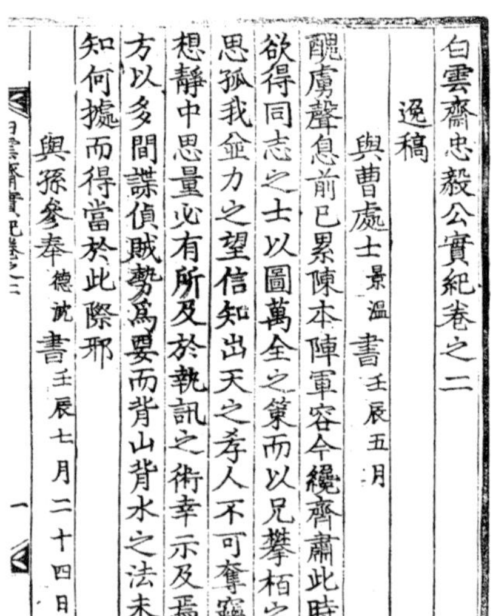
白雲齋忠毅公實紀卷之二

逸稿

與曹處士景溫書 壬辰五月

醜虜聲息前已累陳本陣軍容今纔齊肅此時欲得同志之士以圖萬全之策而以兄摯栢之思孤我金力之望信知出天之孝人不可奪竊想靜中思量必有所及於執訊之術幸示及焉方以多間諜偵賊勢爲要而背山背水之法未知何據而得當於此際耶

與孫參奉德沈書 壬辰七月二十四日

白雲齋實紀卷之二 一

『백운재충의공실기』 권2 일고(국립중앙도서관 제공)

와 옛 신녕현 읍지邑誌 『화산지花山誌』 권1 「사원祠院 귀천서원龜川書院」에 각각 실려 있다. 이와 함께 『조선왕조실록朝鮮王朝實錄』과 타인의 문집을 포함한 여러 문헌에 수록된 권응수 관련 기사도 추가해 볼 수 있을 것이다.

1968년 8월 15일 수마로 쓸려 나간 영천시 신녕면 화남리 갑현의 백운재종택은 후일 복원되지 못하였다. 대신 그 자리에 1979년 정부의 호국 위인 유적 정화 사업으로 권응수 장군 유적지가 조성되었다. 그곳에 권응수장군유물각인 충훈각忠勳閣과 권응수 장군의 사당인 경충사景忠祠가 새로 세워졌다. 최근 2023년 5월에는 경충사 경내에 묻어 두었던 옛 영천복성비永川復城碑를 찾아 경충사 앞에 새로 세우게 되었다. 영천시 신녕면 치산리 지산芝山의 귀천서원龜川書院은 1868년(고종 5) 훼철된 뒤 1923년 복설復設되어 향사를 드리다가 오래도록 관리가 제대로 안 된 채 버려져 있었다.

최근에는 중건에 가까운 대대적인 보수를 하면서 그곳 경덕사敬德祠에 봉안했던 권응수의 위패와 권응수의 재종제 일성日省 권응심權應心(1554-1597)의 위패를 임시로 경충사에 옮겨 봉안奉安하고 향사를 드리고 있다. 영천시 청통면 애련리 천곡泉谷의 권응수 묘소와 묘역은 그런대로 옛 모습을 간직하고 있지만, 오래도록 관리가 온전히 되지 않아 문화유적 지정 등의 보호 조치가 필요하다.

1 권응수 장군 유적지, 충훈각과 경충사와 영천복성비

권응수는 영천시 화산면 가상리 가래실(추곡楸谷)에서 태어나 어린 시절을 지내다가, 1555년(명종 10) 10세 때 분가한 부친 권덕신權德臣(1518–1578)을 따라 영천시 화북면 오산리 동곡桐谷에서 청장년 시절을 지냈다. 만년에 벼슬에서 물러나서는 영천시 신녕면 매양리 화양동에 거처를 정하고 살았다. 그 사실은 『백운재충의공실기』 권1 「연보年譜 신축辛丑」 1601년(선조 34, 56세)에서 "7월, 화양동에 복거卜居하였다. 화양동은 옛 신녕현의 서쪽 몇 리쯤 되는 곳에 있는데 명明나라 사람 두사충杜思冲이 터를 잡아 준 곳이다. 집 앞에 반 이랑 연못을 파서 버들을 심고 꽃을 가꾸면서 계옹溪翁 야로野老와 장구杖屨로 소요하였는데 한가로운 정취가 초연하였다."라고 하고, 같은 「연보 병오丙午」 1606년(선조 39, 61세)에서 "지산에 백운재를 건립하여 서책과 집기 및 전답 등을 갖추고 학덕 높은 선비를 초빙하여 가르치게 하고는, 거처하던 화양동에서 때때로 찾아와서 장려하고 또 경계했다."라고 한 것으로 확인이 된다. 따라서 처음 권응수의 아들 24세(종손 1세) 권구權遘(1589-1631)와 손자 25세(종손 2세) 권산중權山重(1616-1651)이 백운재종가를 열었던 곳은 영천시 신녕면 매양리 화양동이고, 또 권응수 사후 17년이 되는 1624년(인조 2)에 종가의 화재를 당한 곳도 이곳이다.

권응수의 자손들은 영천시 신녕면 매양리 화양동 종가의 화재 이후에도 한동안 화양동에 살았다. 영천시 신녕면 화남리 갑현으로 이주해서 그곳에다 백운재종가를 다시 연 것은 30세(종손 7세) 권준병權準秉(1760-1843) 때이다. 권준병은 24세(종손 1세) 권구의 넷째 아들 권산보權山甫(1629-1707)의 주손으로 태어나 당시 후사가 없던 백운재종가에 양자로 들어와서 화양동에서 자기 생가가 있던 갑현으로 종가를 옮겨 살았다고 한다. 따라서 권응수의 아들 24세(종손 1세) 권구로부터 현 종손 37세(종손 14세) 권세형權世滢(1937년생)이 한창 때인 1968년 8월 15일 물난리를 당하기 전까지 360년 동안, 화양동에서 6대, 갑현에서 8대로 총 14대가 백운재종가를 유지해 온 것이다.

문중 인사들의 기억으로는 지금 권응수 장군 유적지를 조성한 갑티 제일 위쪽 넓은 터에 선무공신 화산군의 종가에 어울

영천 백운재종가 터

리는 대단한 규모의 종가가 자리 잡고 있었다고 한다. 인력으로 어찌할 수 없는 천재지변으로 사라진 옛 종가를 복원할 기록이나 증언이 따로 존재하지 않으므로, 1979년 정부의 호국 위인 유적 정화 사업으로 권응수 장군 유적지에 세운 권응수장군 유물각인 충훈각을 종가로 삼고, 권응수 장군 사당인 경충사를 종가의 사당으로 삼고, 최근(2023년 5월) 경충사 경내에 묻어 두었던 비신碑身을 찾아 새로 세운 옛 영천복성비를 종가 기념비로 삼아, 백운재종가가 수호해 온 것들이 무엇인지 대략 살펴보고자 한다.

1) 충훈각忠勳閣

충훈각은 1979년 정부의 호국 위인 유적 정화 사업으로 권응수 장군 유적지를 조성하던 당시 사라진 백운재종택을 대신해 건립한 건물이다. 한때는 백운재종가와 귀천서원 등에서 보관하던 권응수의 유물과 문적을 이곳에 모아 전시하였으며, 그중 몇 건은 1980년에 보물로 지정되기도 했다. 그러나 한 차례 도난 사건이 있은 뒤로는 모두 경상남도 진주시 남성동 국립진주박물관에 위탁하여 보관하고 있다. 이 유물과 문적에는 권응수가 생전에 쓰던 물건, 임금에게서 받은 하사품과 전리품 등이 포함되어 있다. 다른 것은 현재 확인이 어렵고, 1980년 보물로 지정된 유물과 문적은 다음과 같다.

(1) 권응수초상權應銖肖像

권응수초상은 권응수가 1604년(선조 37, 59세) 4월에 영천성永川城을 수복하는 등 임진왜란 때 세운 여러 전공으로 선무공신 2등 제2위 전체 제5위에 책록되고 화산군花山君에 봉해진 뒤, 그해 9월 공신각功臣閣에 초상화를 그려서 걸 때 선조宣祖가 그에게 하사한 공신 초상화를 개모改摹한 것으로 추정된다. 크기는 세로 202cm, 가로 104cm이다. 권응수가 당시 선조에게 『심경心經』과 『춘추좌씨전春秋左氏傳』도 하사받았다고 연보에 기록되어 있지만 전하지는 않는다. 권응수초상은 권응수장군유물의 일부로 1980년 8월 23일 보물로 지정되었다. 원래는 백운재종가의 사당에 봉

충의공 영정(국립진주박물관 제공)

안하다가 귀천서원의 사당 경덕사敬德祠를 중건하면서 옮겨 봉안하였고, 1979년 권응수 장군 유적지에 경충사를 세운 뒤에는 그곳에 옮겨 봉안하였다. 현재는 경상남도 진주시 남성동 국립진주박물관에 소장되어 있다. 권응수초상은 교의에 앉은 전신상(전신교의좌상全身交倚坐像)이다. 교의에 앉아 두 손을 모은 공수 자세를 한 채 오른쪽을 응시하고, 두 발은 돗자리가 깔린 족좌대足座臺 위에 팔자형八字形으로 올려놓았다. 앉아 있는 교의는 좌우 손잡이 끝만이 몸체 밖으로 나와 있고, 우측 손잡이 앞으로는 삼각형 뿔 모양의 단령團領 뒷자락이 위로 솟아 있다. 착용한 단령의 치맛자락 트임 사이에는 의복이 둥글게 처리되어 있고, 공수하고 있는 옷소매 사이에는 흰 속옷이 부채꼴 모양으로 보인다. 가슴에 부착한 흉배胸背에 호랑이가 그려져 있어 무신武臣이었음을 알게 한다. 부채꼴 모양의 단령 뒷자락, 트임 사이에 둥글게 처리된 복식 처리 등은 조선 후기 공신 초상화에서 공통적으로 확인되는 특징이다. 이것은 상대적으로 적게 전하는 무신의 공신 초상화라는 점에서 한국 초상화 역사에서 중요하게 평가되는 작품이다. 서산와西山窩 노상추盧尙樞(1746~1829)가 1810년(순조 10) 2월 30일 귀천서원 경덕사를 알묘할 때 이 초상화를 봉심奉審하고 쓴 일기에서 "영정은 새로 개모한 것이다.[影幀卽新改]"라고 한 것으로 볼 때, 알려진 것과는 달리 1604년(선조 37, 59세) 권응수가 선무공신에 책록될 당시 그에게 내려진 공신 초상화의 진본眞本은 아닌 듯하다. 개모한 것이나 이 초상화로도 당시의 모습을 상상하기에 무리가 없다.

(2) 선무공신교서宣武功臣敎書

선무공신교서는 권응수가 1604년(선조 37, 59세) 4월에 임진왜란 때 영천성을 수복한 공으로 선무공신 2등 제2위 전체 제5위에 책록되고 화산군에 봉해진 뒤, 그해 10월 내려진 선조의 교서이다. 지제교知製敎 정립鄭笠(1574-1629)이 짓고, 당대 송설체松雪體의 명필 김현성金玄成(1542-1621)이 글씨를 쓴 것이다. 세로 39.4cm, 가로 28cm이다. 두루마리 표지에는 '선무공신화산군권응수宣武功臣花山君權應銖'라고 쓴 제첨題簽이 붙어 있으며, 교서 끝에는 '만력삼십이년십월일萬曆三十二年十月日'이란 발급 일자를 적고 그 위에 '시명지보施命之寶'를 찍었다. 선무공신은 모두 18명을 3등급으로 책록하였다. 1등은 이순신李舜臣·권율權慄·원균元均의 3인으로 효충장의적의협력 선무공신效忠仗義迪毅協力宣武功臣이라고 하였다. 2등은 신점申點·권응수·김시민金時敏·이정암李廷馣·이억기李億祺의 5인으로 효충장의협력 선무공신效忠仗義協力宣武功臣이라고 하였다. 3등은 정기원鄭期遠·권협權悏·유사원柳思瑗·고언백高彦伯·이광악李光岳·조경趙儆·권준權俊·이순신李純信·기효근奇孝謹·이운룡李雲龍의 10인으로 효충장의 선무공신效忠仗義宣武功臣이라고 하였다. 이 교서의 내용에 따르면, 선무공신 2등에게는 본인만 아니라 부모와 처자에게 두 품계品階를 올려 주고, 자식이 없을 때는 조카나 사위에게 한 품계를 올려 주고, 적장자嫡長子

는 공신호功臣號를 세습하여 녹봉을 잃지 않도록 하였다. 또 반당伴倘 6인, 노비奴婢 9인, 구사丘史 4인, 전지田地 80결, 은자銀子 7냥, 표리表裏 1벌, 내구마內廄馬 1필을 하사받는 특전도 주어졌다. 이 공신 교서는 선조 연간의 공신 교서를 연구하는 데에 중요한 자료가 된다. 『백운재충의공실기』 권4에는 이 교서와 선무공신 18인의 위차位次를 실어 놓았다.

(3) 태평회맹도병풍太平會盟圖屛風

태평회맹도병풍은 1604년(선조 37, 59세) 4월 임진왜란 때의 공신을 책록하고 세 해가 지난 1607년(선조 40, 62세) 2월, 선조가 공신들에게 중삭연仲朔宴을 베풀었을 때의 연회도宴會圖이다. 선조가 하사한 것으로, 모두 4폭으로 구성되어 있다. 세로 280cm, 가로 120cm이다. 4폭 중 제1폭에는 '중삭연'의 모습이 그려져 있고, 제2~3폭에는 연회에 참석한 63명의 공신들의 명단이 적혀 있으며, 제4폭은 비어 있다. 제1폭에는 화폭 상단에 산이 우뚝 솟아 있고, 그 아래에 중삭연 장면이 구체적으로 묘사되어 있는데, 화면 중앙 흰색 차일遮日이 쳐진 내부 공간에 공신들이 위차에 따라 앉은 채 행사가 진행되고 있다. 제2~3폭에 적힌 중삭연 참석자의 좌목座目, 즉 참석자 명단에 의하면 참석자들은 호성공신扈聖功臣 44명, 광국공신光國功臣 5명, 평난공신平難功臣 6명, 청난공신淸難功臣 5명, 선무공신宣武功臣 8명이다. 이것은 계회도契會圖로 분류되는 그림이지만, 계회契會 결성을 기념하는 의미보다 모임에 참석한 공신들의 성사盛事를 기념하는 차원에서 제작된 그림이란 점에서 일반적 계회도와는 구분된다. 임진왜란이 끝난 후 책록된 호성공신·선무공신·청난공신만이 아니라 임진왜란 이전에 책록된 평난공신과 광국공신들의 모임을 기념하여 제작된 기록화란 점, 그리고 공신들의 모임을 그린 그림이 현재 거의 전해지지 않는다는 점에서 역사적 의의가 크고 또 희소가치가 있다. 동아대학교박물관 소장의 「신구공신상회제명지도新舊功臣相會題名之圖」도 이것과 같은 그림이다. 관련 자료로는 『백운재충의공실기』 권4에 「내사병풍서內賜屛風序」와 「내사병풍제명內賜屛風題名」 등이 있다.

(4) 장검長劍

이 장검은 임진왜란 때 권응수가 왜군 장군 키하치[喜八]에게 노획한 것이라고 한다. 손잡이에 '대영원년大永元年(1521)'이라는 명기銘記가 있다. 전체적으로 푸른빛을 띠며 날렵한 생김새를 지니고 있다. 길이가 73cm, 너비가 4cm이고, 무게는 2.4kg이다.

(5) 유지有旨와 간찰簡札

유지와 간찰은 권응수의 문적을 모은 것으로 유지 24건, 유서諭書 2건, 권응수의 친필 간찰 4건, 권응수의 증손자 권복형이 쓴 발문 1건으로 구성되어 있다. 이 중 유서 2건은 후대의 전사본으로 진본眞本은 다음 '교지敎旨와 유서諭書'의 유서에 들어 있다. 가장 많은 건수를 차지하는 유지는 1594년(선조 27, 49세) 7월부터 1607년(선조 40, 62세) 2월까지의 왕명을 담고 있다. 당시 경상병마좌별장慶尙兵馬左別將과 경상좌도 방어사慶尙左道防禦使 등의 직책을 맡고 있던 권응수에게 왜적의 형세를 보고한 것 등을 포함한 군무軍務 일체에 관한 명령이 다양하게 실려 있다. 유지 맨 끝의 연호年號와 연월일年月日 위에는 모두 '승정원인承政院印'이 찍혀 있다. 전사본 유서는 비상사태가 벌어졌을 때 유서에 따라 시행할 것을 명령하는 내용이다. 간찰은 1건을 제외한 나머지 모두가 임진왜란이 발발한 1592년(선조 25, 47세)에 작성되었다. 전란 중인 당시의 시대상을 반영하는 듯 일상적 안부를 묻는 것은 거의 없고, 주로 의병의 규합을 독려하거나 급박하게 돌아가는 전황을 염려하는 내용이 대부분이다. 권응수의 증손 권복형이 쓴 발문에는 이 문적을 수습하게 된 경위가 자세히 실려 있다. 이에 따르면, 1624년(인조 2) 종가의 화재로 타 버리고 남은 권응수의 문적을 수습하여 교지와 유지를 1권씩 따로 모아서 1667년(현종 8) 9월에 성첩했음을 알 수 있다. 이들 문적 가운데 특히 유지는 승정원의 담당 승지가 직접 작성한 것으로 실록 등의 관찬 사서官撰史書에 실리지 않은 것이 대부분이고, 중요 사건과 관련된 경우도 많아 사료적 가치가 높다. 유지 24건과 유서 2건은 『백운재충의공실기』 권4의 「유서諭書」에 모두 실어 두었고, 권응수의 친필 간찰 4건은 『백운재충의공실기』 권1의 「일고逸稿」에 모두 실어 두었다.

(6) 교지敎旨와 유서諭書

교지와 유서는 세부적으로는 고신교지告身敎旨 15건, 추증교지追贈敎旨 2건, 사패교지賜牌敎旨 1건, 녹패祿牌 4건, 유서諭書 2건, 유지有旨 4건, 표票 1건, 제문祭文 2건으로 구성되어 있다. 가장 많은 부분을 차지하는 고신교지는 권응수와 그 아내에게 품계와 관직을 내리는 것이 대부분이다. 권응수의 관력을 살필 수 있는 자료이다. 1592년(선조 25, 47세) 9월 1일의 고신교지는 권응수에게 정3품 당상관 절충장군의 품계와 경상좌도 병마우후慶尙左道兵馬虞侯의 관직을 내린 것이며, 1593년(선조 26, 48세) 2월 5일의 고신교지는 경상좌도 병마절도사慶尙左道兵馬節度使에 제수한 것이다. 같은 해 5월 21일의 고신교지 2건은 권응수의 아내 순흥안씨順興安氏와 창녕성씨昌寧成氏에게 정부인의 외명부작外命婦爵을 내린 것이다. 같은 해 5월 28일의 고신교지는 권응수를 충좌위 부호군忠佐衛副護軍에 제수한 것이다. 1594년(선조 27, 49세) 1월 30일의 고신교지는 종2품인 가선대부의 품계를 내리고 실직으로 용양위 부호군龍驤衛副護軍에 제수한 것이다. 1599년(선조 32, 54세) 2월 22일의 고신교지는 밀양 도호부사密陽都護府使에 제수한 것이며, 같은 해 4월 2일의 고신교지는 의흥위 부사직義興衛副司直에 제수한 것이다. 1601년(선조 34, 56세) 1월 8일의 고신교지는 용양위 부호군에 제수한 것이다. 1604년(선조 37, 59세) 6월 26일의 고신교지는 효충장의협력 선무공신 화산군에 봉하는 것이며, 같은 해 7월 12일의 고신교지는 정2품 자헌대부의 품계를 내린 것이다. 1624년(인조

2) 1월의 추증교지는 권응수 사후에 그를 종1품 숭정대부 의정부 좌찬성 겸 판의금부사로 추증한 것이다. 그때 권응수의 아내 창녕성씨에게도 2품 정부인에서 1품 정경부인의 외명부작에 봉하는 추증교지를 함께 내렸다. 이상의 교지에는 연호 위에 모두 '시명지보施命之寶'를 찍었다. 사패교지는 권응수가 선무공신 2등에 책록되었을 때 선조가 그에게 노비 6인을 하사한다는 내용이다. 녹패는 1604년(선조 37, 59세)에서 1607년(선조 40, 62세) 사이에 이조吏曹에서 권응수의 녹봉祿俸을 증명한 것이다. 녹패 4건에는 녹봉을 인수할 때 받은 작은 녹표祿票가 붙어 있다. 사패교지에는 '시명지보施命之寶'가 찍혀 있고, 녹패에는 '이조지인吏曹之印'이라는 관인官印이 찍혀 있다. 유서 2건은 1599년(선조 32, 54세) 2월 23일과 1606년(선조 39, 61세) 8월 8일에 밀부密符와 함께 내린 것으로, 비상한 명령이 있으면 반드시 유서에 의하여 시행하라는 왕명서이다. 유지 4건은 1594년(선조 27, 49세)부터 1598년(선조 31, 53세)까지의 왕명을 기록한 것이다. 유서에는 '유서지보諭書之寶'를 찍었고, 유지에는 '승정원인承政院印'을 찍었다. 제문 2건은 권응수가 사망한 1608년(광해군 즉위년, 63세) 7월에 광해군이 내린 사제문賜祭文 1건, 그리고 호성공신 윤근수尹根壽(1537-1616)·구성具宬(1558-1618)과 선무공신 이순신李純信(1554-1611)이 보낸 제문 1건이다. 『백운재충의공실기』 권4의 「상사교지賞賜敎旨」·「시제문賜祭文」·「제문祭文」 등이 이 중의 일부이다.

(7) 각대角帶(허리띠)

권응수의 각대는 길이가 150cm, 너비가 6.3cm이고, 금속제로 제작되었다. 원형의 돋을새김 장식이 부착되어 있고, 안쪽에는 길이 조정이 가능하게 되어 있다. 권응수초상에서 단령을 입고 삽금대鈒金帶(황금 띳돈을 단 것으로, 조선시대 정2품 벼슬아치가 띠던 허리띠)를 두른 모습으로 볼 때 그가 늘 착용했던 것으로 보인다. 보관 상태가 비교적 양호하여 조선 후신 무신 각대의 원형을 살펴볼 수 있는 좋은 자료이다.

(8) 가전보첩家傳寶帖 상·하

가전보첩은 경화사족京華士族인 진주강씨晉州姜氏 가문 인사들이 중심이 되어 가진 시회詩會에 그들과 인척 관계에 있던 안동권씨安東權氏·거창신씨居昌愼氏 가문의 인사 등이 참여하여 지은 한시漢詩 원고를 모아서 만든 시첩詩帖이다. 백운재종가에서 입수해서 보관해 온 것이다. 상하 2권 2첩으로, 크기는 상권은 세로 45cm, 가로 41.7cm이고, 하권은 세로 46.3cm, 가로 34cm이다. 상권에는 혜포蕙圃 강박姜樸(1690-1742), 난계蘭溪 강석년姜碩年, 모헌慕軒 강필신姜必愼(1687-1756), 죽오竹塢 권기언權基彦(1694-?), 헌와獻窩 강필경姜必慶(1680-?), 기헌寄軒 강해姜楷(1680-?), 외와畏窩 신귀중愼龜重(1682-?), 구암懼菴 강취姜樢(1686-?), 하빈河濱 신후담愼後聃(1702-1761) 등이 지은 한시 51수를 수록하였다. 하권에는 강필신, 강박, 강석년, 강해, 강필문姜必文, 강취, 권기언, 강필경, 신귀중,

희암希菴 채팽윤蔡彭胤(1669-1731), 유중신柳仲新 등이 지은 한시 51수를 수록하였다. 조선 후기 경화사족의 시회 모습과 한시 경향, 그리고 당시의 서체 등을 살피는 데 유용한 자료이다.

2) 경충사景忠祠

귀천서원에서는 지역 유림이 주관하여 매해 춘추로 향사享祀를 지내 왔다고 한다. 1979년의 호국 위인 유적 정화 사업과 최근의 귀천서원 보수 작업 과정에서 백운재종가 옛터에 권응수 장군 유적지를 조성했고, 그곳에 1968년 8월 15일의 수마로 사라진 백운재종택의 사당을 대신해 경충사景忠祠를 건립하였다. 귀천서원 경덕사敬德祠에 주향主享으로 모셔 놓았던 권응수의 위패와 배향配享(동배東配)했던 권응수의 재종제 권응심의 위패를 이곳 경충사에 옮겨 봉안하고, 귀천서원 경덕사의 불천위不遷位에 대한 향사를 드리고 있다.

3) 영천복성비永川復城碑

영천복성비는 권응수가 의병대장으로서 신녕과 영천을 위시한 주변 고을의 의병들이 연합한 부대를 '창의정용군倡義精勇軍'이라는 깃발 아래 이끌고서 영천성永川城을 수복한 것을 기념하기 위해 세운 비이다. 1592년(선조 25, 47세) 4월 임진왜란이 일어나고 100여 일이 지난 7월 27일에 의병은 왜군이 전략적 주요 거점으로 확보했던 영천성을 수복하면서 경상좌도를 보전하여 전장의 국면을 전환하는 계기를 열었다. 이 승리에 대한 공으로 권응수는 선무공신 2등 제2위 전체 제5위에 책록되고 화산군에 봉해졌으며, 뒤에 충의라는 시호를 하사받게 되었다.

그러한 역사를 기념하기 위해 권응수의 후손들은 권응수의 창의정용군에 찬획종사贊劃從事로 참여했던 복재復齋 정담鄭湛(1552–1634)이 기록한 「영천복성기永川復城記」와 행장行狀·시장諡狀 등 『백운재충의공실기』에 수록된 자료를 가지고 1830년대 전후에 현직 영의정이자 당대 최고의 병필가秉筆家 남공철에게 「영천복성비명」을 받아서 영천의 조양각朝陽閣 옆에 세우려고 하였다. 그러나 권응수의 창의정용군에 또 다른 찬획종사로 참여했던 호수湖叟 정세아鄭世雅(1535–1612)의 후손인 오천정씨烏川鄭氏(영일정씨迎日鄭氏) 가문 등의 반발로 오래도록 세우지 못하였다.

환재瓛齋 박규수朴珪壽(1807–1877)가 1874년(고종 11) 『호수실기湖叟實記』를 중간重刊할 때 정세아 후손의 요청으로 써 준 다음의 서문을 통해 그 대략을 헤아려 볼 수 있다.

> 나는 전에 영남의 암행어사가 되어 영천의 조양각을 지난 적이 있었다. 조양각의 뜨락 가장자리에 누운 비석이 있었는데, 갈아 놓은 지 오래되었으나 새겨진 글자가 없었다. 괴이한 생각이 들어 물어보자 고을 사람이 말하기를 "우리 영천 고을이 만력 임진년(1592, 선조 25)에 왜적에게 함락되었을 때 고을의 진사 정세아가 그 아들 정의번鄭宜藩과 함께 의병을 일으켰습니

다. 이때 신녕의 무관 권응수도 용감한 향병鄕兵을 불러 모아 드디어 정세아와 군사를 합하여 왜적을 물리치고 우리 고을을 회복하였습니다. 조정에서는 두 의사의 공적을 가상히 여겨 그들이 살아서나 죽어서나 여러 차례 포상과 증직을 받았습니다. 그러나 두 집안 자손들은 모든 공적을 자기 조상에게 돌리고자 다투어 송사를 그치지 않으니, 비록 공적을 기록할 비석은 마련해 놓았어도 끝내 공적의 글을 기록하지 못한 것입니다."라고 하였다. 나는 그 말을 듣고 슬프게 여겼다. 옛날 당나라 한 문공韓文公(한유韓愈)이 장 중승張中丞(장순張巡)과 허 수양許濉陽(허원許遠)의 순절에 대해 선후를 분별하면서 두 집안 자제들이 제 아비의 뜻을 깨닫지 못함을 몹시 한스러워하였다. 저 정세아와 권응수 두 분은 관료로서 의무도 있지 않았고 평소에 양성한 군사가 있지도 않았는데, 광분한 적군이 날뛰던 때를 당해 창졸간에 의병을 규합하여 떨쳐 일어나 자신의 안위는 돌아보지 않았으니, 그분들이 어찌 공리를 다툴 뜻을 품었겠는가. 두 집안의 자손들이 제 조상의 마음을 헤아리지 못할 뿐이 아니라, 혹시라도 위급한 일이 생긴다면 이처럼 비루하고 천박한 뜻으로 어찌 옛날에 조상들이 행한 사적을 본받을 수 있겠는가. 얼마 후에 정세아와 권응수의 자손들이 다시 어사에게 번갈아 그 일을 하소연하기에 내가 사리에 근거하여 양쪽을 화해시켰다. 그로부터 10여 년 뒤에 정씨 집안 사람 중 서울에 올라와 머물고 있던 이가 있었는데, 권응수 후손들은 그가 자기 선조(정세아)만 높이고 자기네 선조(권응수)의 공적을 빼앗지 않나 의심해서 포도대장에게 무고하여 엄한 법률로 엮어 죽이고자 하였다. 그때 내 직분이 조정의 일에 참여하여 듣는 것이었기에, 그것이 터무니없는 일임을 밝혀 사건이 마침내 명백히 해결되었다. 그리고 또 10년이 흘러 정세아 공의 후손 정희규鄭熙奎가 정세아 공의 실기를 중간하는 일로 나를 찾아와 서문을 부탁하며 말하기를 "우리 선조(정세아)께서 '강의剛義'라는 시호를 하사받으신 지 오래되었는데, 종가에 불이 나서 시호를 내린 교지가 소실되었습니다. 그러자 권씨 집안에서는 시호를 받은 일도 없이 거짓으로 강의라는 시호를 만들어 냈다고 하면서 글을 지어 온 고을의 사림을 현혹하고 있으니, 이것이 못난 자손이 더욱 애통해하는 까닭입니다."라고 하였다. 내가 관각館閣에 소장된 명신名臣들의 시고諡考를 상고해 보니 "정세아의 시호는 강의이니 용맹을 떨쳐 적을 죽이는 것이 강이고 임금을 먼저 하고 자신을 뒤로 여기는 것이 의이며, 권응수의 시호는 충의이니 몸을 바쳐 임금을 받드는 것이 충이고 굳세게 결단을 내리는 것이 의이다.[鄭世雅諡剛義, 致果殺賊曰剛, 先君後己曰義; 權應銖諡忠毅, 危身奉上曰忠, 强而能斷曰毅.]"라고 기록되어 있었다. 저 두 분은 한 몸과 같은 공적을 이루셨기에 시호를 내릴 때 글이 나란히 봉상시(태상시太常寺)에 기록되어 있음이 대개 이와 같은데, 후세에 그 자손들이 기필코 다툼을 그치지 않아서 서로 비난과 무고를 일삼고 있으니, 이는 유독 무슨 까닭인가? 아! 임진년 국난의 시대에 드높고 우뚝한 충절과 크고 위대한 공적을 세운 분들이 한 시대에 성대하게 배출되어 마침내 중흥의 대업을 이룰 수 있었으니, 오늘날에 이르기까지 3백 년 동안 조정의 보답과 장려가 미치지 않은 곳이 없었다. 다만 괴이한 건 자기 선조의 일을 칭송하여 포상과 증직을 바라는 자들이 지금까지도 그치지 않고 있다는 것이다. 지금 이미 밝게 베푼 은전에 대해서도 오히려 거짓으로 무고하기도 하니, 장황하게 찬미하는 글에 반드시 가식이 없지 않을 것이라, 말세의 경박한 풍속이 더욱 슬프다. 저 정세아 공과 권응수 공의 행적은 국사國史와 야승野乘에 모두 갖추어져 있기에 자손들의 기술記述을 필요로 하지 않는데도 지금 강의공(정세아) 후손이 실기를 중간하니, 이는 부득이한 사정이 있어서이다. 시호를 조작했다고 무고한 일로 살펴보면, 정세아 공과 권응수 공 두 분 자손의 시비곡직은 분명히 드러날 것이다. 갖추어 써서 돌려준다.

– 『환재집瓛齋集』 권4, 「중간정강의공실기서」

박규수가 경상좌도 암행어사였을 때는 1854년(철종 5) 11월경이다. 그때에도 안동권씨 권응수 후손 가문과 오천정씨 정세아 후손 가문 사이에 영천성 수복의 제일 공훈을 세운 사람이 누구인지를 두고 다투는 시비가 계속되었고, 그 이후에도 그러한 일

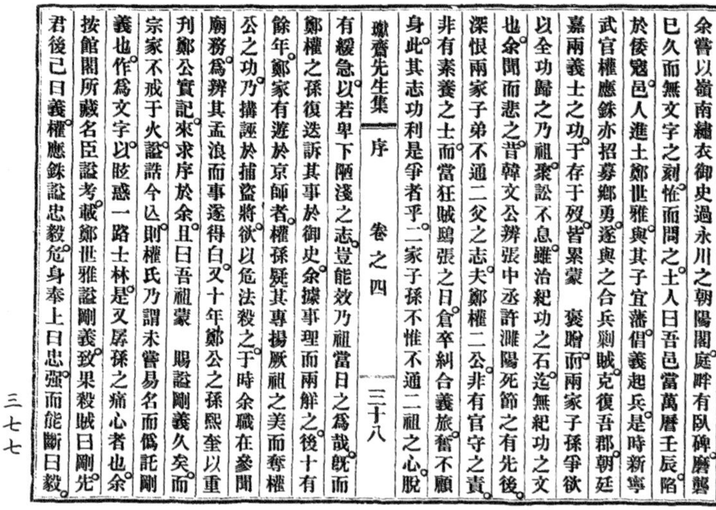
余嘗以嶺南繡衣御史過永川之朝陽閣庭畔有臥碑磨礱
已久而無文字之刻恠而問之土人曰吾邑當萬曆壬辰陷
於倭寇邑人進士鄭世雅與其子宜藩倡義起兵是時新寧
武官權應銖亦招募鄉勇遂與之合兵勦賊克復吾郡朝廷
嘉兩義士之功于存于歿皆累蒙　襃贈而兩家子孫爭欲
以全功歸之乃祖聚訟不息雖治紀功之石迄無紀功之文
也余聞而悲之昔韓文公辨張中丞許濉陽死節之有先後
深恨兩家子弟不通二父之志夫鄭權二公非有官守之責
非有素養之士而當狂賊鴟張之日倉卒糾合義旅奮不顧
身此其志功利是爭者乎二家子孫不惟不通二祖之心脫
瓛齋先生集　序　卷之四　三十八
有緩急以若卑下陋淺之志豈能效乃祖當日之爲哉旣而
鄭權之孫復迭訴其事於御史余據事理而兩解之後十有
餘年鄭家有遊於京師者權孫疑其專揚厥祖之美而奪權
公之功乃搆誣於捕盜將欲以危法殺之于時余職在參聞
廟務爲辨其孟浪而事遂得白又十年鄭公之孫熙奎以重
刊鄭公實記來求序於余且曰吾祖蒙　賜謚剛義久矣而
宗家不戒于火謚誥今亾則權氏乃謂未嘗易名而僞託剛
義也作爲文字以眩惑一路士林是又孱孫之痛心者也余
按館閣所藏名臣謚考載鄭世雅謚剛義致果殺賊曰剛先
君後己曰義權應銖謚忠毅危身奉上曰忠强而能斷曰毅
三七七

『환재집』 권4 「중간정강의공실기서」
(국립중앙도서관 소장, 이미지 한국고전번역원 한국고전종합DB 제공)

은 그치지 않고 계속되었다. 『호수실기』 중간의 서문을 쓰는 것을 계기로 오천정씨 정세아 후손 가문의 편에서 정세아의 시호 문제와 그 가문 인사의 억울한 옥사를 풀어 주었다고 밝힌 박규수의 이 서문 외에, 안동권씨 권응수 후손 가문과 오천정씨 정세아 후손 가문이 대립해 온 구체적인 내막을 밝혀 줄 자료는 별로 없다.

지금 영천 지역에 구전되고 있는 안동권씨 권응수 후손 가문과 오천정씨 정세아 후손 가문의 시비에 관한 수많은 이야기에 비해, 박규수의 이 서문 외에 기록된 글로 남은 자료는 드물다.

따라서 현재 그러한 시비가 언제부터 시작되고 어떤 내용으로 얼마나 치열하게 대립했는지 자세하게 알 수는 없다. 그리고 1700년대 이후 본격화되어 지금까지 300여 년 동안 지속되고 있는 시비의 전말을 낱낱이 밝히기도 어렵다. 다만 박규수의 이 서문을 통해 그러한 두 가문의 대립 과정에 1830년대 전후에 이미 남공철에게 「영천복성비명」을 받아 두고 또 그것을 새길 빗돌까지 준비해 두고서도 비석을 세우지 못하고 있었던 사실은 분명하게 확인된다.

그 이후에도 안동권씨 권응수 후손 가문과 오천정씨 정세아 후손 가문이 서로 대립하면서, 1902년(광무 6)까지도 남공철이 찬술한 「영천복성비명」을 새긴 영천성 수복 기념비를 세우지 못하고 있었다. 그러다가 그해 6월에 다시 영남 제일의 병필가이자 순국지사인 이만도에게 「영양복성비각상량문」을 받았고, 영천시 중앙동 조양각 옆에 비각碑閣까지 갖추어 남공철이 찬술한 「영천복성비명」을 새긴 영천성 수복 기념비를 세운 것으로 보인다.

이렇게 안동권씨 권응수 후손 가문의 주도로 이루어진 영천성 수복 기념비의 입비立碑이지만, 오천정씨 정세아 후손 가문에서 당시 경상북도관찰부慶尙北道觀察府에 송사를 제기하는 등 지역 내의 반발로 처음부터 영천성 수복 기념비로서 온당한 구실을 하지 못했다. 그때 상황의 일단은 경와敬窩 이헌영李𨯶永(1837-1908)이 1902년 경상북도관찰사慶尙北道觀察使일 때 중앙의 법부法部에 올린 「영천권정입비상송사永川權鄭立碑相訟事」(『재교집략再嶠集略』)라는 문서를 통해 확인된다.

그런 상태로 방치되어 있다가 1930년경 일제강점기에는 급기야 비석을 넘어뜨려 비신碑身을 훼손하고, 비대碑臺·비두碑頭 등과 함께 조양각 아래 남천南川(금호강) 강가에 버려 두었다. 이후 비신은 안동권씨 권응수 후손 가문에서 회수하여 영천시 신녕면 화남리 갑현의 종가 사당 안에 묻었다고 하고, 비대와 비두 등은 영천경찰서 경내에 옮겨 보관하였다.

해방 이후 1954년과 그 이후에 안동권씨 권응수 후손 가문의 주도로 영천성 수복 기념비의 건립이 두 차례 더 추진되었으나 모두 성사되지 못하였다. 이 사실은 권응수의 12세손 권오익權五翼이 2000년 간행한 국역본『충의공권응수장군실기忠毅公權應銖將軍實紀』의 간행사刊行辭에서 "영천복성비는 많이 훼손되었으므로 재건하려는 계획을 과거에 세웠으나 두 차례나 무산되었다."라고 한 것으로 확인된다. 2022년 여름에 신녕 지역 안동권씨청장년회安東權氏青壯年會의 주도로 영천시 신녕면 화남리 갑현 권응수 유적지의 경충사 경내에 묻힌 영천복성비의 비신 발굴 작업이 이루어졌고, 2023년 5월에는 발굴한 비신과 영천경찰서에서 가져온 비대 및 비두를 맞추어 경충사 앞에 영천복성비를 다시 세우게 되었다.

영천복성비의 건립은 영천 지역에서 오래도록 시비가 끊이지 않은 문제였기 때문에, 이때 지역 내 여러 유관 가문과 시민들의 의견을 수렴하는 과정을 거쳤다고 한다. 그때 영천 지역민 전체가 이루어 낸 영천성 수복의 역사를 담아야 할 영천복성비의 내용이 권응수 개인의 공적을 중심으로 기술된 것인 데다, 1902년(광무 6) 조양각 옆에 그것을 세울 때 지역의 공의公議를 수렴하지 않은 채 안동권씨 권응수 후손 가문이 주도해서 세운 것이므로, 모든 영천시민이 공유하는 공간인 영천시 중앙동 조양공원에 다시 세우기보다는 영천시 신녕면 화남리 갑티의 권응수 유적지 안에다 세우는 게 바람직하다는 쪽으로 의견이 모여 현재의 자리에 다시 세우게 된 것이라고 한다.

현재 경충사 앞에 다시 세워 둔 영천복성비는 1902년(광무 6) 처음 영천시 중앙동 조양각 옆에 세웠던 그 비석이 아니다. 그것은 훼손된 상태로 옛 종가 사당터인 경충사 경내 어디에 묻혀 있을 것으로 짐작되고, 지금 경충사 앞에 다시 세워 놓은 것은 해방 후 한국동란이 끝난 그 이듬해인 1954년에 영천복성비 재건립을 추진하면서 제작한 비석이다.

비신 전면에는 '경상좌도 의병대장 화산군 권응수 영천복성비慶尙左道義兵大將花山君權應銖永川復城碑'라고 새겨 놓았고, 비신을 빙 둘러 남공철의 「영천복성비명」을 새긴 뒤에 좌측면 끝에는 '복성후육갑오칠월일復城後六甲午七月日'이라고 새겨 놓았다. 1592년(선조 25) 9월 27일 영천성 수복 이후 여섯 번째 갑오년甲午年은 1954년이 그에 해당한다. 여기에 이 비석의 비음기碑陰記 글씨를 쓴 이만도의 손자 이고貳顧 이동흠李棟欽(1881~1967)의 생졸년을 맞추어 보면 1954년임이 분명히 확인된다.

영천복성비

앞서 서술한 것처럼 해방 후 한국동란이 끝난 그 이듬해 1954년에 다시 영천복성비의 재건을 추진했음을 알 수 있다. 당시에도 오천정씨 정세아 후손 가문의 반대로 무산되었다. 그때도 1902년(광무 6) 안동권씨 권응수 후손 가문에서 처음 영천복성비를 영천시 중앙동 조양각 옆에 세웠을 때와 비슷하게 영남 일원이 시끄러울 정도로 안동권씨 권응수 후손 가문과 오천정씨 정세아 가문이 서로 크게 대립하였다. 당시의 일은 농포農圃 류영희柳泳熙(1890–1960)의 『성성록惺省錄』 1955년 3월 12일 일기 기록으로도 확인할 수 있다. 이후 한 차례 더 영천복성비의 건립이 추진된 사실이 권응수의 12세손 권오익이 2000년 간행한 국역본 『충의공권응수장군실기』의 간행사를 통해 확인되지만, 구체적인 내막을 알려 주는 증언이나 자료가 따로 존재하지 않아 언제 어떻게 추진되었는지는 알 수 없다. 이러한 과정을 거쳐 1830년대 전후에 처음 남공철에게 「영천복성비명」을 받은 뒤로부터 거의 200년 만인 2023년 5월에 비로소 영천복성비가 온전하게 서게 되었다. 그러나 그것이 수복 전투가 이루어진 현장인 옛 영천성 성내, 지금의 영천시 중앙동 조양공원에 다시 서지 못하고 그곳에서 멀리 떨어진 영천시 신녕면 화남리 갑티의 권응수 유적지 안에 서게 된 것은 여전히 아쉬운 일이다.

현직 영의정이자 당대 최고의 병필가인 남공철이 영천성 수복 전투를 승리로 이끈 권응수의 '창의정용군'에 찬획종사로 참여한 정담의 「영천복성기」 등을 자료로 하고, 여기에 현직 영의정으로 정부의 관찬 사료를 활용해서 찬술했을 남공철의 「영천복성비명」이 과연 권응수 일개인의 칭송에만 그친 것인지, 아니면 정담의 「영천복성기」와 정부의 관찬 사료가 전공과 그 전공을 세운 인물(장군) 위주의 서술이라서 영천성 수복에 대한 지역민들의 인식과는 큰 거리가 있었던 것인지는 그 글을 읽는 사람들 개개인의 판단에 맡겨 볼 뿐이다. 다만 여기서 한 가지 덧붙여 둘 것은 남공철은 이 「영천복성비명」을 찬술한 뒤, 권응수의 활약상에 크게 감동했던지 영천성 수복 등 권응수의 임진왜란 때 행적과 전공을 중심으로 「권충의공전」을 따로 지어 권응수를 기렸고, 남공철을 뒤따라 서유구도 당시 한양 문단에서 수작秀作으로 칭송받

앉던 「권응수전」을 지어서 권응수를 기렸다는 점이다.

「영천복성비명」은 현재 남공철의 『금릉집』에는 수록되어 있지 않고, 2000년 간행한 국역본 『충의공권응수장군실기』에 추록되어 있다. 안동권씨 권응수 후손 가문과 오천정씨 정세아 후손 가문의 오래되고 뿌리 깊은 시비를 한양에서도 모르는 사람이 없었을 것이었기에 『금릉집』에는 싣지 못했을 것이다. 여기서는 그중 「영천복성비명」의 명銘을 참고로 들어 보기로 하겠다.

높고 높은 권 공이시여	矯矯權公
나라의 양신이라오	邦國之良
지난날 용사의 난리에	維昔龍蛇
오랑캐가 쳐들어왔지	卉服跳踉
장차 대방을 침략하려고	將侵大邦
우리 강토 빌리려 하였다오	欲假我疆
열군이 몰아치는 파도에 휩싸여	列郡奔波
봉망을 막아내지 못하였지	莫遏鋒鋩
바다에는 충무공이 있어서	在海忠武
노량에서 섬멸하였고	殲之露梁
육지에는 공이 있어	在陸惟公
그 공적을 당할 자 없었다오	功莫與當
모든 신하가 이와 같았으면	有臣如此
나라는 망하지 않으리라	國乃不亡
무릇 공이 우뚝하게 지략을 사용함은	凡公峻庸
영남을 보전하는 데 있었지	在於全嶺
훌륭한 병략兵略은	韜畫之善

영천성 수복한 것만 한 게 없다오 無如復永
가령 불을 지르려고 하면 如撲于火
먼저 섶을 엮었고 先掇其苫
뻗어 가는 불꽃 끊을 때는 截其旁延
가운데 불꽃을 먼저 끄며 以熄中炎
가령 뱀을 공격할 때는 又如擊蛇
그 팔을 바꾸지 않고 不易其腕
자취 따라 구멍 찾아 緣跡探穴
달아나는 뱀 모두 잡았지 悉捕逃竄
명나라 여러 장수 감탄하며 皇朝諸將
기이함 칭송하기를 嘖嘖稱奇
병기에 환히 밝긴 曉暢兵機
공 같은 이 누구인가 하였지 如公者誰
임금님 그 이름 듣고 王聞其名
여러 번 방어사에 제수하여 屢授防禦
양산 밀양에 머물며 仍留梁密
변방 굳게 지키게 하였다오 以固邊圉
이 길 하나를 따라 從此一路
왜적의 재앙 싹 제거되니 倭氛掃去
옛날의 바람에 모래만 날리던 곳이 昔之風沙
지금 곡식 가득한 논밭이 되었지 今爲禾黍
임금님 그 공을 가상히 여기시고 王嘉厥功
그 충성에 감격하였다오 感其忠誠
총애를 철권에 찍어 寵錫鐵券
정경에 발탁했으나 擢置正卿
공은 절하고 머리 숙여 公拜稽首
사양하고는 거하지 않았다오 讓而不居

귀천 시냇가에 집을 지어	築室龜溪
도서를 비치하고	有圖有書
학문을 가르치면서	敎以絃誦
초야에서 밭 갈고 물고기 잡아 생활하였네	樂以耕漁
공은 이루기가 어려운 게 아니라	成功匪難
잘 간직하기가 더욱 어렵지	尤難善止
의리로 일어나고 용감하게 물러났으니	義起勇退
군자임을 더욱 알겠도다	益知君子
우뚝한 비석에다	豐碑屹屹
공의 사적 기록하니	紀公之事
이해 이곳을	是歲是地
나라 사람 생각하리라	邦人之思

– 『충의공권응수장군실기』, 「영천복성비명」

2 백운재와 귀천서원, 권응수 묘역

권응수는 1606년(선조 39, 61세) 12월 고향의 지산芝山, 지금의 영천시 신녕면 치산리 귀수龜水(귀천龜川) 가에 서재를 건립하고 백운재白雲齋라고 하였다. 백운재의 '백운白雲'은 남조南朝 양梁나라 도홍경陶弘景(456-536)의 '농상백운隴上白雲' 고사를 끌어다 쓴 것이다. 도홍경은 은사隱士로 구곡산句曲山에 은거하여 수련하는 생활을 하였지만, 양나라 무제武帝의 벗으로 그의 자문에 응하였기 때문에 산중재상山中宰相이라고 일컬어졌다. 제齊나라 고제高帝가 산중에 무엇이 있기에 조정으로 돌아오지 않느냐는 물음에 답한 한 시에서 "산중에는 그 무엇이 있으랴만, 언덕 위엔 흰 구름 많이 있다오. 나 혼자만 보고서 즐길 뿐이고, 그대에겐 가져다줄

수가 없다네.[山中何所有? 隴上多白雲. 只可自怡悅, 不敢持贈君.]"라고 한 뒤로, '농상백운'은 은거하는 한가로운 삶을 지칭하는 말로 쓰이게 되었다.

당시 전란을 겪은 직후라서 고을의 풍속이 경박하여 사람들이 학문에는 뜻을 두지 않는 데다, 고을에 학자들이 함께 모여 수학할 마땅한 장소도 없었으므로 백운재를 건립하게 된 것이다. 학자들이 함께 모여 학문을 익힐 강당은 4칸으로 하고, 그 좌우에는 학자들이 기숙할 수 있는 방을 2칸 붙이고는, 항구적으로 백운재를 유지할 서적과 집기 및 전답 등을 갖추었다. 그런 다음 학덕學德 높은 선비를 초빙하여 가르치게 하고는 때때로 찾아와서 장려하고 또 경계하였다.

백운재는 지금의 귀천서원 앞에 있었다. 귀천서원이 창건된 뒤에도 미수眉叟 허목許穆(1595-1682)의 편액 글씨를 받아서 걸고는 오래도록 보존하였다. 그러다가 언제부터인지 버려져서 1810년(순조 10) 이전에 논으로 바뀌었던 것을, 권응수의 8세 주손 아헌啞軒 권치경權致經(1794-1868)이 복원한 것으로 보인다. 노상추가 1810년(순조 10) 2월 30일 귀천서원 경덕사를 알묘하고는 "백운재 옛터에 가보니 그곳은 모두 논이 되어 남아 있는 땅이 없었다."라고 하고, 옛 신녕현 읍지『화산지』권1「정사亭榭 백운재白雲齋」에 "귀천서원 앞에 있다. … 미수 허 문정공許文正公(허목許穆)이 편액 글씨를 쓰고, 충의공의 8세 주손 권치경이 중건 상량문을 지었다."라고 한 것으로 확인된다.

귀천서원

처음 권응수가 백운재를 지을 터를 정할 때 특이한 모습을 한 신인神人이 꿈속에 나타나 그가 효자라고 거듭 칭송하면서, 후일 이곳에 권응수 자신을 제향할 원우院宇가 세워질 거라고 예언했다고 한다. 이 예언대로 권응수 사후 69년 뒤인 1676년(숙종 2)에 지역 유림儒林이 권응수의 학문과 덕행을 추모하기 위해 백운재 뒤쪽에 경덕사를 창건하여 위패를 모셨다. 그로부터 19년 뒤인 1685년(숙종 11) 10월에 그 경덕사를 서원으로 확장하는 공사를 시작하여 이듬해 1686년(숙종 12) 겨울에 완공하고는 11월 17일에 위패를 봉안하였다. 그때 권응수를 주향으로 모시고, 권

사당

응수의 절친한 친구이자 사돈인 임계林溪 조경온曺景溫(1548-1592)을 배향하였다.

권응수를 제향하는 서원의 처음 이름은 그곳의 지명을 따서 지산서원芝山書院이라고 하였다. 옛 신녕현과 영천군永川郡의 선비 김상건金尙健, 조취하曺就夏, 전오행全五行, 정세윤鄭世胤 등이 주축이 되어 건립을 추진하였다. 그러나 옛 영천 지역의 큰 학자 조호익曺好益(1545-1609)의 호 '지산芝山'과 같은 이름이라 중복되어서인지, '지산' 대신 같은 곳의 다른 지명인 '귀수(귀천)'를 취하여 귀천서원으로 이름을 바꾸어 사액賜額되었다. 귀천서원으로 사액

신도비

된 뒤에도 권응수가 백운재를 세워 강학에 힘썼던 유지를 받들어 서원을 백운재 또는 귀천정사龜川精舍로 흔히 불렀다. 사당은 경덕사, 강당은 부교당敷教堂, 동재東齋는 경직재敬直齋, 서재西齋는 의방재義方齋, 대문은 경충문敬忠門, 문루는 광제루光霽樓라고 하였다.

1700년 후반에 사당 경덕사를 중건하고 백운재종가 사당에 있던 권응수의 영정을 옮겨 봉안하는 한편, 서원 옆에 신도비각神道碑閣을 건립하고 신도비神道碑도 함께 세웠다. 신도비명은 현임 홍문관 대제학 겸 예문관 대제학 뇌연雷淵 남유용南有容(1698-1773)이 찬술하고, 글씨는 병계屛溪 윤봉구尹鳳九(1681-1767)가 썼으며, 두전頭篆은 지수재知守齋 유척기兪拓基(1691-1767)의 글씨로 새겼다.

1832년(순조 32) 조경온의 후손들이 문인文人을 무인武人과 함께 제향함은 불가하다는 사유를 들어 영천시 화남면 삼창리 현고賢皐의 자신들 세거지世居地에 회계서원晦溪書院을 세우고 조경온의 위패를 옮겨 갔다. 이후 권응수와 함께 창의한 권응수의 재종제 권응심을 추가로 배향하였다가 1868년(고종 5) 조정의 서원 철폐령으로 훼철되었다. 1923년에 복설復設하고, 1979년에는 정유재란 때 울산 반구정伴鷗亭 전투에서 권응수와 함께 싸운 백암柏巖 김응택金應澤(1551-1597)을 추가로 배향하였다.

현재 경내에는 강당 부교당과 사당 경덕사, 신도비와 신도비각 등만이 남아 있는데, 전면에 강당이 있고 뒤편에 사당이 배치돼 있는 전학후묘前學後廟의 배치 형태를 하고 있다. 서원은 중앙에 북향의 강당과 그 아래 좌우에 동서재가 있었으나 지금은 없어지고, 그 우측 전면에 신도비각이 자리 잡고 있으며, 담장 밖 정면에 하마비下馬碑가 있다. 사당 경덕사는 정면 3칸, 측면 1칸의 겹처마 맞배지붕 건물로 전면에 내삼문이 있으며, 2칸의 전사청典祀廳과 4칸의 창사倉舍를 두고 주위는 토석土石의 담장을 둘렀다. 강당은 정면 4칸, 측면 2칸의 겹처마 팔작 기와집으로 가운데 2칸 대청을 중심으로 좌우에 한 칸씩의 온돌방인 협실夾室을 두었다. 강당은 원래 터서 개방해 놓았지만, 지금은 추위와 바람 등을 막아 활용에 편리하도록 앞에 문을 달아서 막아 놓았다.

원래는 강학講學과 제향祭享을 함께 행하여 기숙하는 유생도 있었고 향사도 계속해서 드렸다. 사당에는 중앙에 권응수의 위패와 영정을 봉안하고, 좌우에는 권응심과 김응택의 위패를 봉안하고는 매년 음력 3월과 9월 중정中丁에 4변籩 4두豆의 제품祭品을 갖추어 향사를 지냈는데, 이를 위해 전답과 임야 등 일정한 서원 재산이 유지되었다. 그러나 최근 20~30년 전부터 서원의 관리가 거의 되지 않는 과정에 권응수의 위패와 권응심의 위패는 영천시 신녕면 화남리 갑현 옛 종가 자리에 건립된 권응수 장군 유적지의 사당 경충사에 임시로 옮겨 봉안하고, 김응택의 위패는 그 후손들이 영천시 임고면 사리莎里에 훼철된 백암사柏巖祠를 복원하여 옮겨 가면서 그야말로 향사 기능도 상실한 빈 건물로 남아서 허물어지고 있었다.

현재는 서원의 옛 건물을 단계적으로 수리하고 또 허물어진 동서재 등은 새로 지으려고 계획하고 있다. 아무쪼록 관련 자료를 충실하게 찾아 온전한 보수가 이루어져서 음력 2월 중정 춘향으로 축소된 지금의 향사도 원래대로 춘추로 지내게 되고, 또 귀천서원이 가졌던 본래의 교육 기능을 일부라도 찾을 수 있었으면 하는 바람이다.

귀천서원 관련 자료로는 『화산지』 권1의 「사원 귀천서원」과 『백운재충의공실기』 권4의 「서원봉안문書院奉安文」·「상향축문常享

祝文」·「서원상량문書院上樑文」 등이 있으며, 서원에 권응수 영정을 이안移安할 때의 고유문告由文과 서원에 신도비각을 세울 때의 개기開基 고유문이 북계北溪 조용석曺龍錫(1705–1774)의 『북계집北溪集』에 수록되어 있다. 그리고 『백운재충의공실기』 권4의 「서원봉안문」은 지촌芝村 김방걸金邦杰(1623–1695)의 『지촌집芝村集』 권3에 「귀천정사 봉안권충의공문龜川精舍奉安權忠毅公文」이라는 제목으로 실려 있다. 「귀천정사 봉안권충의공문」을 들어보면 다음과 같다.

장군별 하괴성은 광채 드날리고	河魁揚彩
화산은 정기를 모아 주어	華岳鍾精
공이 우뚝 태어나니	公乃挺生
세상에 드문 영걸이라오	間世人英
난리를 다스릴 재주로	撥亂之才
전쟁터에서 죽을 굳센 뜻을 가지고는	裹屍其志
임진왜란을 당해	丁時搶攘
척수로 창의하였다오	隻手仗義
효를 충으로 옮겼기에	忠以孝移
전투에 용감하였나니	故勇於戰
적을 이겨 성을 보전함에	全城克賊
기세는 천둥 번개 치는 듯했지	勢崩雷電
임금님 그 공적 아름답게 여겨	王懋乃績
드디어 남쪽 지방 진무하게 하시니	遂殿南服
부탁하신 뜻 보답하지 못할까 두려워	恐付不效
더욱 스스로 조심조심 받들었다오	益自兢惕
개미 같은 왜구의 둔진	兇醜蟻屯

성세가 서로 의지했는데　聲勢相倚
그사이에 우뚝 처하여　屹然中居
허리와 꼬리를 꺾어 버리자　折其脊尾
황하가 맑아지고 태산이 안정한 것이니　河淸岱安
그 공훈 무엇과 같을까　厥勳孰似
표창의 명예는 맹부에 있고　褒名盟府
공신각에 초상이 걸렸나니　肖像麟閣
풍모가 씩씩하여　風儀颯爽
임금님 눈을 감동시켰지　乃動宸矚
공을 이루자 머물지 않고　功成不居
곧바로 교외에 한거하여　卽閒于郊
숲속 골짜기에서 노니니　婆娑林壑
그 고상함 더욱 드러났다오　益見其高
전란이 평정된 초기라　喪難初夷
문교를 베풀 겨를 없었는데　文敎未暇
간과를 던지고 학문 권장해서　投戈勸學
백운재를 열었다오　白雲書社
한 구역의 글 읽는 소리　一區絃誦
선비들 길러 내니　多士有造
열렬한 공께서는　烈烈惟公
문무를 겸비하셨다오　兩有文武
남은 풍모 남은 은택　遺風餘澤
날이 멀어져도 어제와 같나니　日遠如昨
신령도 오히려 효성에 감동하는데　神猶感孝
사람이 어찌 은덕을 잊으리오　人豈忘德
지산의 남쪽에　芝山之陽
날 듯하게 새로 지은 집　翼翼新宮

제사를 공경히 바치노니 式薦俎豆
내 사사로운 마음이 아니라 공론이라오 匪我私公
산은 푸르고 물은 맑으니 山青水白
신령은 천 년토록 척강하시리라 陟降千禩
우리 후인에게 은혜 베풀기를 惠我後人
영세토록 변치 말기를 바라노라 永世無替

- 김방걸, 『지촌집』 권3, 「귀천정사 봉안권충의공문」

권응수는 1608년(선조 41, 광해군 즉위년, 63세) 2월에 선조가 승하하자 병든 몸을 이끌고 선조의 장례에 참석하기 위해 상경하였다. 신하로서 임금에게 마지막 충정을 다하려는 것이었다. 그러나 상경한 얼마 뒤 병을 이기지 못하고 그해 7월 12일 한양의 여사旅舍에서 임종하였다. 그때 병든 권응수를 모시고 함께 상경한 아들 권구가 고향으로 운구해서 그해 10월 영천시 청통면 애련리 천곡 건좌乾坐 등성이에 장사 지냈다. 이때 어떤 연유로 당시 권응수가 터 잡아 살고 있던 영천시 신녕면 매양리 화양동이나 백운재가 있던 영천시 신녕면 치산리 귀천, 곧 귀수에서 상당히 멀리 떨어진 이곳에다 묘소를 잡았는지는 확실하지 않다. 비석 외에도 둘레석과 문무석 등 석물과 장식을 갖춘 대단히 큰 분묘로 조성하였다. 하지만 신도비는 그곳 묘소 아래에 세워 두지 않고, 남유용이 찬술한 신도비명을 새겨 귀천서원에 신도비각을 세워 보관하고 있다.

선무공신 2등 제2위 전체 제5위에 화산군에 봉해지고 정2품

권응수 묘소

자헌대부 공조 판서를 지낸 뒤 종1품 숭정대부 의정부 좌찬성 겸 판의금부사에 추증된 권응수의 묘소에는 신도비만 있으면 되는데도, 『백운재충의공실기』에는 신도비명 외에 묘표墓表와 묘갈명墓碣銘이 따로 있다. 묘갈명은 윤봉구가 신도비명(『병계집屛溪集』 권47 「선무공신 증 좌찬성 행 공조 판서 시 충의 권 공 신도비명宣武功臣贈左贊成行工曹判書諡忠毅權公神道碑銘」)으로 찬술했던 것을 『백운재충의공실기』에는 묘갈명으로 바꾸어 실어 두었으며, 묘표는 귀주龜洲 김세호金世鎬(1652–1722)가 찬술하였다.

윤봉구가 권응수의 신도비명을 찬술했을 때의 관직은 사헌

권응수 묘표

부 집의 겸 세자시강원 진선이었다. 윤봉구가 이 관직을 지낸 것은 1739년(영조 15)에서 1752년(영조 28)까지이다. 남유용이 권응수의 신도비명을 찬술했을 때의 관직은 전 호조 참판 겸 홍문관 대제학 예문관 대제학이었다. 남유용이 이 관직을 지낸 것은 1758년(영조 34) 이후이다. 김세호가 묘표를 찬술했을 때의 관직은 예문관 봉교였다. 김세호가 이 관직을 지낸 것은 1694년(숙종 20) 이후로 추정된다.

권응수의 자손들은 권응수 묘소에 신도비를 먼저 세우지 않고, 김세호가 찬술한 묘표를 작은 비석에 새겨 그 앞에 세워서 먼저 표식을 해 두었다. 그런 다음 1700년대 중반에 먼저 윤봉구에게 신도비명을 받아서 권응수 묘소 앞에 신도비 건립을 추진하다가, 다시 현임 홍문관 대제학 겸 예문관 대제학으로 당대 제일의 병필가였던 남유용에게 신도비명을 받아서 세웠다. 신도비각을 갖추어 남유용이 찬술한 신도비명을 세우면서 그 글씨를 윤봉구에게 쓰도록 하고, 윤봉구의 신도비명은 『백운재충의공실기』를 편찬할 때는 묘갈명으로 이름을 바꾸어 실었다.

권응수 자손들의 증언에 따르면, 이때 권응수를 기리는 사람들이 찾아보기에 편리하도록 백운재종가에서 멀리 떨어진 묘소 앞이 아닌 백운재종가에서 가까운 귀천서원 앞에 세워 두었다고 한다. 이처럼 권응수의 후손들에 의해 선조 권응수의 일생 행적을 가장 잘 밝혀내었다고 평가되는 남유용의 신도비명 가운데 끝의 명을 들어 보면 다음과 같다.

하늘이 난리를 낼 때	維天生亂
그 난리를 다스릴 신하도 함께 내어	亦出亂臣
가라지를 호미로 제거하듯 하여	如稂如鎛
선후가 없이 한다오	匪後匪先
옛날 용사의 변란에	龍蛇在昔
오랑캐 쳐들어와 흉흉하였는데	蠻盜來洶
누가 임금을 위해 적개심을 품었나	孰敵王愾
혁혁한 권 공이 있었다오	有赫權公
공이 깃발을 올린 것은	公載在旂
의리와 용기였나니	曰義與勇

용기는 계획을 이루고	勇以謀成
의리는 이익에 동함이 없었지	義無利動
삼군을 다스려	以拊三軍
노래하고 눈물 흘리며	有歌有泣
무리 지은 오랑캐를 쳐부숨에	以撻群醜
벼락 치듯 두려워 떨게 하였네	載震載讋
무릇 공이 빼어나서	凡公峻庸
실로 영남을 온전히 하였나니	實在全嶺
그 병략으로 가장 뛰어난 건	最厥韜畫
영천성 수복한 것보다 더한 게 없다오	莫奇復永
비유하자면 불을 끄는데	辟如撲火
반드시 그 거적자리를 베듯이 하여	必剟其苫
두루 뻗어 나간 것 끊어 내어	截其旁延
타오르는 불꽃을 꺼 버렸다오	以熄中炎
또 물을 끌어옴에	又如引水
반드시 홈통으로 받듯이 하여	必承之筧
그 지류를 하나로 해서	一其支流
흘러 젖어 들게 하였지	以受來潤
군살과 등창이 이미 터짐에	贅癰旣決
우리는 일제히 펴져서	我用翕張
그 썩고 더러운 것 씻어 내고	滌其朽穢
우리 농사와 길쌈을 다시 했다오	復我耕桑
임금님 말씀하시기를 오라	王曰來哉
나는 힘써 그대를 등용하겠다 하나	予懋乃庸
공은 말하기를 돌아가리라	公曰歸歟
직분이었으니 어찌 공이리오 했다오	職耳奚功
이에 그 부월을 내려놓고	載釋其鉞
그 은사의 각건角巾을 썼나니	載角其巾

나라의 치욕이 이미 씻겨	國恥已刷
물러나 신하는 뜻을 펼 수 있었다오	臣志可伸
귀천의 산기슭에	龜川之山
초가는 편안하였나니	有晏茅棟
공은 궤안에 기대어	公隱其几
현가를 부르고 시서를 외었다오	有絃有誦
백발백중 비록 능해도	百中雖能
잘 그침은 어렵나니	善止爲難
공경의 지위 또한 영예이나	三命亦榮
담장을 따라 빨리 걷듯 겸손함이 현명하다오	循墻爲賢
처음에는 의리로 일어났고	始以義起
끝내는 용기로 물러났나니	終以勇退
내 명을 빗돌에 새겨서	我銘在珉
그 감추어진 것을 밝힌다오	用昭厥晦

– 남유용, 『뇌연집』 권19,
「공조판서 화산군 증 좌찬성 시호 충의 권 공 신도비명」

권응수 묘소 등 묘역은 임진왜란 때의 선무공신 묘소와 묘역에 걸맞은 기념할 만한 유적지로 잘 보호되고 있지는 못하다. 권응수 후손들이 매해 음력 10월 12일에 묘사를 드리는 것 외에는 그 역사적 의미를 되새기며 찾는 사람도 드물다. 묘소 등 묘역의 문화재 지정이 현재는 가능하므로, 지금이라도 권응수 묘역의 문화재 지정을 고려해 볼 필요가 있다.

3 백학서당(백학학원)

백학서당白鶴書堂(백학학원白鶴學院)의 전신은 조선 전기의 학자 금계錦溪 황준량黃俊良(1517-1563)이 신녕 현감으로 재직할 때 지역 선비들의 교육을 위해 스승 퇴계退溪 이황李滉(1501-1570)에게 자문을 받아 창건한 백학서원白鶴書院이다. 1552년(명종 7) 영천시 화산면 가상리 백학산 양강소羊江瀟 절벽 위에 건립하였다. 황준량은 이 서원을 과거시험 공부 위주의 교육 기관이 아닌 참교육을 하는 교육 기관으로 건립하였다. 그 취지는 다음 시에 잘 드러나 있다.

백학산서원白鶴山書院

백학이란 이름 남긴 옛 현인에 감동되어 名留白鶴感前賢
벼랑 깎고 터를 잡아 몇 칸 건물 세웠다오 爲斸雲根架數椽
창에 드는 바람과 달 궤석을 차지하고 風月入窓專几席
하늘과 못물에는 한 기운의 연비어약 鳶魚一氣自天淵
몇 년 걸려 황무지에 학교를 열었던가 幾年荒草開絃誦
한밤중의 무지개 서책을 비춘다오 半夜晴虹射簡篇
제생이여 바라건대 독서에 힘써 다오 珍重群英須着力
학문 닦음 명리를 구하는 게 아니라오 藏修非是利名牽

당에 오른 선비들 모두가 현인 되길 升堂衿佩儘希賢
벽에 비친 힘찬 글씨 서까래와 같구려 映壁銀鉤筆似椽
옛 골짝에 터를 열어 강석을 마련하고 古洞開荒成講榻
거센 물결 둘러막아 문연을 만들었네 狂瀾回障作文淵
존심엔 『시경』의 사무사가 요체이고 存心要體詩三字
주경엔 『예기』의 글 본받아야 한다오 主敬當師禮一篇
맑은 시내 시원한 누대 특별히 깨끗해라 玉澗風臺淸特地
봄 흥취에 절로 끌려 시 읊으며 돌아가네 詠歸春興自相牽

– 황준량, 『금계집외집錦溪集外集』 권1

황준량은 이 2편 중 뒤의 시 끝에 “백학산은 남송南宋의 학자 학산鶴山 위요옹魏了翁(1178–1237)이 도를 강론하던 곳이다. 이곳의 이름이 우연히 그것과 합치되고, 또 맑고 상쾌해서 세속을 벗어난 것 같으니, 진실로 기이한 만남이다. 몇 칸의 집을 지어 퇴계 선생의 글씨를 받아 편액을 걸었다. 도서를 소장하고 전답을 마련하였으며, 기금을 넉넉하게 하고 노비를 두어 선비들이 노닐며 휴식하는 곳으로 삼고는, 원장院長과 학장學長에게 그 일을 주관하게 하였다. 관동冠童들이 책을 끼고 다투어 달려와서 비로소 독서의 즐거움을 알게 되었는데, 많게는 40여 명에 이르렀다. 온 고을의 부로父老들이 처음 보고 기뻐하면서 힘을 다해 더욱 치밀하게 하고, 오래도록 전해질 수 있기를 기대하였다. 매달 초하루마다 제생諸生이 읽은 것을 평가하여 분발하게 하였다. 도가 행해지는 세상으로 변화시킬 희망이 있었기 때문에 기뻐서 이 시를 지어 제생에게 보여 주고 화답하게 하였다."라는 내용의 설명을 덧붙였다.

시에서는 백학산서원이라고 하였지만, 황준량이 스승 이황에게 그 이름을 청하자 백학서당白鶴書堂이라고 지어 주었다. 1592년(선조 25) 임진왜란 때 소실된 것을 1612년(광해군 4)에 중건하고, 1658년(효종 9)에 서당 터가 협소하고 외진 곳이라서 지금의 영천시 화남면 안천리로 옮겨 중건하였다. 1678년(숙종 4)에는 서당을 서원으로 바꾸고, 사당과 강당은 안동 도산서원陶山書院의 사당과 강당의 이름과 똑같이 사당을 상덕사尙德祠로, 강당을 전교당典敎堂으로 명명하였으며, 누각을 풍영루風詠樓라고 명명하고는, 이황과 황준량을 제향하였다. 1868년(고종 5) 조정의 서원철폐령으로 훼철되었다가, 1900년(광무 4)에 지역민이 뜻을 모아 백학서당白鶴書堂으로 다시 건립하였다.

백학서당은 옛 신녕현의 수서원首書院으로서 옛 신녕현 지역의 유력 가문 15개가 공동으로 운영하였다. 그 사실은 다음 1933년 5월 24일의 「백학서당유지결의서白鶴書堂維持決議書」에 서명한 가문들을 통해 확인된다.

영천시 신녕면 화남리 갑티 안동권씨 문중[甲峴 權氏門中 代表 權周洛]
영천시 화남면 귀호리 호암 창녕조씨 문중[龜溪 曺氏門中 代表 曺中煥]
영천시 고경면 청정리 괴정 나주정씨 문중[槐亭 丁氏門中 代表 丁基南]
영천시 화산면 연계리 연계 영양김씨 문중[蓮溪 金氏門中 代表 金贊鉉]
영천시 화산면 가상리 안동권씨 문중[佳上 權氏門中 代表 權鑄瑞]
영천시 화북면 오동리 오동 순흥안씨 문중[梧東 安氏門中 代表 安鶴鍊]
영천시 화남면 안천리 능계 영일정씨 문중[陵溪 鄭氏門中 代表 鄭淵奎]
영천시 북안면 효리 나주정씨 문중[孝里 丁氏門中 代表 丁學明]
영천시 화남면 삼창리 현고 창녕조씨 문중[賢皐 曺氏門中 代表, 미서명]
영천시 화남면 귀호리 호암 청주양씨 문중[湖巖 楊氏門中 代表 楊錫祺]
영천시 화산면 가상리 경주김씨 문중[佳上 金氏門中 代表 金東弼]
영천시 화산면 연계리 덕산 파평윤씨 문중[德山 尹氏門中 代表 尹鎭玉]
영천시 화산면 대기리 하기 안동권씨 문중[下基 權氏門中 代表 權純玉]
영천시 화남면 선천리 화동 창녕성씨 문중[華洞 成氏門中 代表 成樂九]
영천시 화산면 연계리 가일 나주정씨 문중[佳日 丁氏門中 代表 丁休燮]

이 「백학서당유지결의서」는 1914년 신녕이 영천에 통합되면서 독립된 고을로서 명맥이 끊어진 데다, 1902년(광무 6) 영천복성비 건립으로 안동권씨 권응수 후손 가문과 오천정씨 정세아 후손 가문이 대립한 향내 분규를 빌미로 일부 가문이 백학서당을 사유화하려는 움직임이 일자, 이런 일을 시도하는 자는 향규鄕規에

백학학원

따라 엄한 처벌을 내릴 것임을 결의한 내용이다. 영천시 옛 신녕현의 15개 가문 대표 가운데 14개 가문의 대표는 모두 서명하였고, 영천시 화남면 삼창리 현고의 창녕조씨 가문 대표만 서명하지 않았다.

영천시 화남면 삼창리 현고의 창녕조씨는 귀천서원에 배향되었던 조경온의 후손 가문이다. 조경온의 후손들은 1832년(순조 32) 문인을 무인과 함께 제향함은 불가하다는 사유를 들어, 자신들의 세거지인 영천시 화남면 삼창리 현고에 회계서원을 세워 조경온의 위패를 옮겨 갔다. 조경온은 권응수와 절친한 친구이자 사돈간이다. 그는 임진왜란 때 부모와 선조의 묘소가 왜군에게 훼손되도록 놓아 둘 수 없다고 하면서 피난하지 않은 채 고향에서 부모와 선조의 묘소를 끝까지 지키다가 왜적에게 죽임을 당했다. 권응수는 조경온이 효자임을 칭송하면서 애도하고는 그 아들 조축曺舳(1571-1618)을 사위로 삼았다.

이처럼 영천시 화남면 삼창리 현고의 창녕조씨 조경온 후손은 권응수의 외손 가문으로서 안동권씨 권응수 후손 가문의 가장 든든한 후원 세력이었다. 그러다가 1832년(순조 32) 자기들 선조 조경온의 위패를 옮겨 간 뒤로 점차 사이가 멀어졌고, 이 「백학서당유지결의서」가 나온 1933년에는 두 가문 사이의 관계가 거의 단절돼 있었던 것으로 보인다. 여기서는 그간의 내막을 알려 줄 별도의 자료가 존재하지 않으므로 불필요한 추정은 하지 않기로 한다. 다만 한 가지, 이 「백학서당유지결의서」를 통해 백학서원은 조선 중기 이래 백학서당으로 이름을 바꾼 1933년까지 지역의 유풍을 선도하는 주요한 기관으로서 안동권씨 권응수 후손 가문을 필두로 한 옛 신녕현의 15개 유력 가문이 공동으로 운영해 왔다는 사실은 분명하게 확인할 수 있다.

백운재종가와 안동권씨 권응수 후손 가문은 선조 권응수를 제향한 귀천서원만이 아닌, 이황과 황준량을 제향한 백학서원의 운영에도 적극적으로 참여하였다. 백운재종가와 안동권씨 권응수 후손 가문이 선두에 서서, 임진왜란 때 선조 권응수가 충효를 기치로 창의했던 것처럼, 선조 권응수와 함께 창의했던 옛 신녕현 지역 여러 의병장 후손 가문들과 연합하여 지역의 유사有司 가문으로서 지역의 유풍을 진작시키는 데 힘을 쏟았다. 충효의 진작을 통해 가정을 보존함과 동시에 지역을 수호하고 나라에 헌신하도록 이끌어 갔다.

일제강점기 때는 백학서당의 유사 가문인 백운재종가와 안동권씨 권응수 후손 가문을 필두로 한 옛 신녕현 지역 15개 유력 가문들이 지역 유지들과 힘을 합해 신학문 교육 기관인 백학학원을 설립하고 민족의식과 항일의식을 고취하는 교육을 시행하여 이육사李陸史(1904–1944)·조재만曺再萬(1906–1990)·안병철安柄喆·이진영李進榮(1907–1950) 등 많은 항일 독립투사를 길러 내었다.

이 외에 권응수 관련 유적지로는 한천전 승첩지漢川戰勝捷址를 들 수 있다. 한천전 승첩지는 영천시 화남면 삼창리에 있다. 1592년(선조 25) 임진왜란 때 권응수가 조직한 의병부대가 최초로 승리를 거둔 한천 일대의 전투와 영천성 수복 전투를 기념하기 위해 조성하였다. 안동권씨 권응수 후손 가문과 오천정씨 정세아 후손 가문의 해묵은 시비로 영천성 수복 전투의 현장인 영천시 중앙동 조양공원에 어떤 기념비도 세우지 못하고 있는 형편이기에 이렇게 한천 전투를 기념하면서 영천성 수복 전투를 함께 기념하는 형태로 승첩지를 조성한 것이다. 기념탑 임란의병한천전승첩탑壬亂義兵漢川戰勝捷塔, 강당 충훈당忠勳堂, 사당 백의사百義祠 등을 세웠다. 2006년 2월 16일 경상북도 기념물 제156호로 지정

임란의병 한천전 승첩탑

되었다. 백의사에는 무명의 의사義士 일부를 포함하여 43인의 위패를 함께 모셨다.

제3장

충의공 백운재 권응수, 그는 누구인가

충의공 백운재 권응수,
그는 누구인가

1 전통 시대 충효의 의미와 충의공 백운재 권응수

충의공忠毅公 백운재白雲齋 권응수權應銖(1546-1608)는 사후 영천시 신녕면 치산리 귀천서원龜川書院에 주향主享으로 모셔졌다. 임진왜란이라는 전대미문의 국난의 상황에 효孝의 가치를 세상에 크게 천명하여 후세의 본보기가 되었다는 사실을 높이 기린 것이다. 지역 유림儒林이 공론公論으로 서원 건립을 추진하고, 국가에서 그 서원을 공인公認하여 사액賜額해 주었다. 효자孝子 가문의 지극한 효자로서 임진왜란이라는 전대미문의 국난의 상황에 '이효위충移孝爲忠'하는 정신으로 의병을 일으켜 부모에게 효도하는 마음을 옮겨 임금과 나라에 충성을 다했다는 것이다. 이때 권응수의 절친한 친구이자 사돈인 임계林溪 조경온曺景溫(1548-1592)도 함께 배향配享하였다. 의병에 참여하기에 앞서 죽음을 각오하고 부모와 선조의 묘소를 곁에서 끝까지 지키다가 왜적에게 죽임을 당한 그의 지극한 효행을 높이 기린 것이다.

효를 옮겨 충을 행하여	孝移爲忠
공은 사직에 있나니	功在社稷
길이 풍성을 수립하여	永樹風聲
우리 후학에게 은혜를 베푸신다오	惠我後學

– 『백운재충의공실기』 권4, 「상향축문」

영천성永川城을 수복한 이틀 뒤 7월 29일에 조경온의 부음이 이르자 곧바로 가서 통곡하였다. 조경온 공은 공과 같은 고을 사람인데, 효행과 절의로 이름이 났다. 공이 처음 의병을 일으켰을 때, 충신은 반드시 효자의 가문에서 구해야 한다고 하면서 편지를 보내 맞이하려고 했지만, 조경온 공은 부모와 선조의 묘소를 곁에서 지키겠다고 사양하였다. 이때 부모와 선조의 묘소를 지키다가 왜적에게 죽임을 당하자, 공은 가서 곡하면서 말하기를 "살아서는 효를 능히 다하였고, 죽어서도 또한 뜻을 굽히지 않고 절의를 지켜 내었다."라고 하고는, 빈렴殯殮을 하고 돌아왔다.[二十九日, 曺景溫訃至, 卽往哭. 曺公公同縣人, 以孝義聞. 始公倡義時, 以求忠臣, 必於孝子之門, 貽書邀之, 曺公辭以廬墓. 至是守墓而死於賊, 公往哭曰 "生能盡孝, 死且殉節", 殯殮而歸.]

– 『백운재충의공실기』 권1, 「연보 임진壬辰」

전자는 도처형都處亨(1634–1720)이 지은 귀천서원 제향 시의 「상향축문常饗祝文」(『백운재충의공실기白雲齋忠毅公實紀』 권4)이고, 후자는 권응수 연보(『백운재충의공실기』 권1 「연보 임진壬辰」) 중 임진년(1592, 선조 25, 47세) 7월 29일의 기록이다. 이 두 글에서 임진왜란이라는 전대미문의 국난 상황에 의병을 일으켜 전장에 임한 권응수의 경우나, 죽음을 각오하고 부모와 선조의 묘소를 그 곁에서 지키다 왜적에게 죽임을 당한 조경온의 경우나, 전통 시대에 부모가 준 유체遺體로서 그 몸을 손상하지 않고 평생 공경히 받들어야 효자라고 보았던 당대의 일반적인 관념과 자못 다른 행적을 보여 주고 있다.

공자孔子가 말하기를 "신체와 머리털과 살은 부모에게서 받은 것이니 감히 훼손하지 않음이 효의 시작이며, 입신하여 도를 행해 후세에 이름을 드날려서 부모를 드러냄이 효의 마침이다."라고 하였다.[身體髮膚, 受之父母, 不敢毁傷, 孝之始也; 立身行道, 揚名於後世, 以顯父母, 孝之終也.]

– 『효경』 제1 개종명의장開宗明義章

증자曾子가 임종할 때 제자들에게 말하기를 "이불을 걷고 내 발을 살펴보고 내 손을 살펴보아라. 『시경詩經』「소아小雅 소민小旻」에 '두려워 조심하여 깊은 못에 임한 듯, 얇은 얼음을 밟듯이 하라.' 하였으니, 이제야 나는 부모가 주신 몸을 손상하지 않았음을 알겠노라, 얘들아!"라고 하였다.[啓予足, 啓予手! 詩云'戰戰兢兢, 如臨深淵, 如履薄氷', 而今而後, 吾知免夫, 小子!]

– 『논어』, 「태백」

증자가 말하기를 "부모가 온전하게 낳아 주셨으니 자식이 온전하게 돌아가야만 효라고 할 수 있을 것이다. 그 몸을 손상하지 않고 그 몸을 욕되게 하지 않아야 온전히 했다고 할 수 있을 것이다."라고 하였다.[父母全而生之, 子全而歸之, 可謂孝矣. 不虧其體, 不辱其身, 可謂全矣.]

– 『예기』, 「제의」

처음 글은 공자가 효의 대지大旨를 밝힌 말로서 『효경孝經』 제1

개종명의장開宗明義章에 보이며, 그다음에 든 두 글은 증자가 공자가 효의 대지를 밝힌 말을 부연한 것으로서, 각각 『논어論語』 「태백泰伯」과 『예기禮記』 「제의祭義」에 보인다. 공자와 증자 모두 부모가 준 몸으로서 그 유체를 손상하지 않고 온전히 하여 살다가 죽는 것이 효라고 하였다. 그러나 그것만이 효를 다한 것이 될 수 없음은 처음 글에서 공자가 그것을 효의 시작이라고 하고는, 부모가 준 몸으로서 그 유체를 가지고 사회와 국가에 공헌하는 것, 다시 말하면 "입신하여 도를 행해 후세에 이름을 드날려서 부모를 드러냄"을 효의 마침이라고 한 것으로 알 수 있다. 그래서 셋째 글에서 증자는 부모가 준 몸으로서 그 유체를 손상하지 않는 것만 아니라, 부모가 준 몸으로서 그 유체를 욕되게 하지 않아야 효를 온전히 했다고 할 수 있다고 한 것이다. 따라서 이 자리에 증자의 효에 대한 다음의 말이 있게 된 것이다.

> 증자가 효에 대해 제자 공명의公明儀에게 말하기를 "몸은 부모가 남겨 주신 유체이니 부모의 유체를 움직임에 감히 신중하지 않겠는가. 행동거지를 장중하게 하지 않음은 효가 아니며, 임금을 섬기면서 충성하지 않음은 효가 아니며, 관직에 나아가 신중하지 않음은 효가 아니며, 붕우 사이에 신의를 지키지 않음은 효가 아니며, 전장의 군진軍陣에서 용맹하지 않음은 효가 아니다. 이 다섯 가지를 실천하지 못하면 그 비난이 부모에게 미칠 것이니, 어찌 신중하지 않겠는가."라고 하였다.[身也者, 父母之遺體也, 行父母之遺體, 敢不敬乎? 居處不莊, 非孝也; 事君不忠, 非孝也; 莅官不敬, 非孝也; 朋友不信, 非孝也; 戰陣無勇, 非孝也. 五者不遂, 災及其親, 敢不敬乎?]
>
> －『예기』, 「제의」

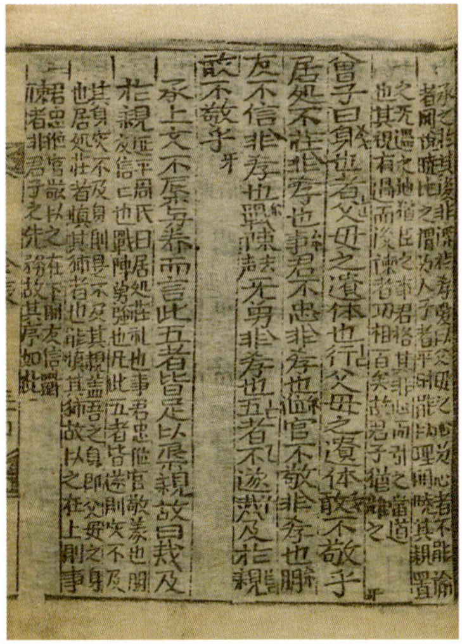

『예기』「제의」(국립중앙도서관 제공)

증자가 제자 공명의에게 해 준 이 말은 『예기』「제의」에 보인다. 부모가 준 몸으로서 그 유체를 손상하지 않음은 효의 시작이지만, 효는 여기에서 그치는 것이 아니며 부모가 준 몸으로서 그 유체를 욕되게 하지 않아야 효를 온전히 했다고 할 수 있다는 것이다. 증자는 그 길로서 일상에서 행동거지를 장중하게 하는 것, 임금에게 충성하는 것, 관직 생활을 신중하게 하는 것, 붕우 사이에 신의를 지키는 것, 전쟁터에 나아가 용맹한 것의 다섯 가지를 들었다. 이 다섯 가지는 부모 자식 사이의 가족 윤리인 효를 군신·상하·붕우의 관계 등 사회와 국가에 통용되는 보편적인 인간의 도리로 확장해 놓은 것이다.

공자는 자식이 생물학적으로 부모가 준 몸으로서 그 유체를 무한히 계승해 가고, 또 문화적으로 부모의 사회·경제적 기반을 무한히 계승해 간다는 측면에 주목하여, 부모 자식 사이의 윤리인 효가 곧 사회와 국가에 통용되는 보편적인 인간의 도리라는 결론을 도출한다. 이렇게 해야 효의 마침, 즉 효를 온전히 하여 부모가 준 몸으로서 그 유체를 욕되게 하지 않고, 입신하여 도를 행해 후세에 이름을 드날려 부모가 준 몸으로서 그 유체를 세상에 드러내는 길이 되는 것이라고 하였다.

더구나 여기서 증자가 전장의 군진에서 용맹하지 않음은 효가 아니라고 말한 것을 통해, 전통 시대 효는 평상시 사회와 국가에 통용되는 보편적인 인간의 도리이자 윤리였을 뿐 아니라, 전란의 시기에도 변함없이 사회와 국가에 통용되는 보편적인 인간의 도리였음을 알 수 있다. 부모에게 효도하여 가정을 잘 유지하기 위해서는 가정이 소속된 사회와 국가의 안녕이 우선되어야 한다는 측면에서 보자면, 현대에도 여전히 유효한 인간의 도리이자 윤리임이 분명하다.

지촌芝村 김방걸金邦杰(1623-1695)이 「서원봉안문書院奉安文」(『백운재충의공실기』 권4 / 『지촌집芝村集』 권3 「귀천정사봉안권충의공문龜川精舍奉安權忠毅公文」)에서 한 다음의 말은 바로 증자의 이 말을 그대로 옮긴 것이다. 귀천서원에 제향한 권응수가 효자로서 '이효위충'하는 정신으로 임진왜란이라는 전대미문의 국난 상황에 의병을 일으켜, 부모에게 효도하는 마음을 옮겨 임금과 나라에 충성을 다한 그

점을 높이 기렸다.

전란의 때를 당해 丁時搶攘
척수로 창의하였다오 隻手仗義
효를 충으로 옮겼기에 忠以孝移
전투에 용감하였네 故勇於戰

- 김방걸, 『백운재충의공실기』 권4, 「서원봉안문」

중국 한漢나라에서 효로 천하를 다스린다는 이념이 구체화한 이래, 조선은 그 이념을 가장 적극적으로 실현해서 사회와 국가를 다스려 나가고자 하였다. 일찍부터 이와 같은 내용을 오롯이 담고 있는 『소학小學』을 번역 주해해서 널리 보급하였고, 중국과 우리나라의 역대 충신·효자·열녀를 도해圖解한 『삼강행실三綱行實』을 편찬 간행하여 널리 보급하였다. 그 결과 임진왜란이 일어나기 전부터 이미 "효자 가문에서 충신을 구한다."라는 말이 대중화되었다.

따라서 '이효위충'하는 정신으로 임진왜란이라는 전대미문의 국난 상황에 의병을 일으키고, 부모에게 효도하는 마음을 옮겨 임금과 나라에 충성을 다한 권응수는 비록 무장武將임에도 불구하고 학문적으로 후학後學들의 본보기가 되기에 마땅한 인물이었고, 이에 귀천서원에 모셔 길이 제향하고 또 그를 본받아 학문을 익히도록 한 것이다. 귀천서원에서 서원의 제생諸生이 기거하는 동재東齋와 서재西齋의 이름을 『소학』의 한 편篇인 '경신敬身'의 한

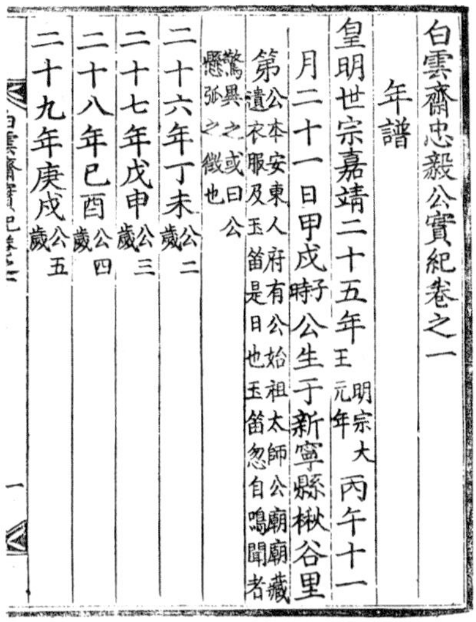
白雲齋忠毅公實紀卷之一

年譜

皇明世宗嘉靖二十五年(明宗大王元年)丙午十一月二十一日甲戌時(子)公生于新寧縣楸谷里第(公本安東人府有公始祖太師公廟廟藏遺衣服及玉笛是日也玉笛忽自鳴聞者驚異之或曰公懸弧之徵也)

二十六年丁未(公二歲)

二十七年戊申(公三歲)

二十八年己酉(公四歲)

二十九年庚戌(公五歲)

『백운재충의공실기』 권1 「연보」(국립중앙도서관 제공)

구절에서 따온 것도 이 때문이다. '경신'은 효자로서 그 부모가 준 몸인 유체를 공경히 받듦을 뜻한다. 『주역周易』 「곤괘坤卦 문언文言」에는 이를 마음을 닦는 지경공부持敬工夫로 전환하여, "군자는 경으로써 내면을 곧게 하고, 의로써 외면을 바르게 한다.[君子敬以直內, 義以方外.]"라고 한 말이 있는데, 이 중 '경이직내敬以直內'에서 취하여 동재를 '경직敬直'이라 하고, '의이방외義以方外'에서 취하여 서재를 '의방義方'이라 하였다.

먼저 권응수에 대한 연표를 「권응수연표權應銖年表」로 정리해서 들어 보기로 하겠다. 이것은 『백운재충의공실기白雲齋忠毅公實紀』 권1 「연보年譜」의 기록을 간추려 정리한 다음, 여기에 권응수 사후의 사실을 보완하고, 또 약간의 고증을 가하여 작성하였다.

1546년(명종 1, 1세) **병오.** 11월 21일 자시子時에 신녕현新寧縣 추곡리楸谷里, 영천시 화남면 가상리 가래실 집에서 아버지 권덕신權德臣과 어머니 성주이씨星州李氏 사이에서 2남 1녀 중 장남으로 태어났다. 자는 중평仲平, 호는 백운재白雲齋, 본관은 안동安東이다. 태어나던 날 안동부 태사묘太師廟에 보관된 시조 권행權幸의 옥적玉笛이 홀연 저절로 울리자, 사람들은 이것을 공의 출생을 알린 것이라고 하였다.

1551년(명종 6, 6세) **신해.** 5~6세부터 용모가 빼어나고 기질이 굳세어서 옹졸하거나 유순한 태도를 즐겨 하지 않았다.

1553년(명종 8, 8세) **계축.** 항상 뽕나무 활을 가지고 놀았는데 활을 쏘면 문득 적중시켰다.

1555년(명종 10, 10세) **을묘.** 부친을 따라 지곡知谷 동산桐山, 영천시 화북면 오산리 아래로 옮겨 와 살았다.

1556년(명종 11, 11세) **병진.** 재상 이준경李浚慶이 도원수로서 왜구를 막고 개선할 때 신녕현을 지날 때 공을 보고는 말하기를 "이 아이는 기특하구나. 40년 뒤에 동남쪽에 난리가 나면 그 난리를 구제할 자는 이 아이가 아니겠는가."라고 하였다.

1563년(명종 18, 18세) **계해.** 순흥안씨順興安氏에게 장가 갔다.

1577년(선조 10, 32세) **정축.** 측실 소생의 아들 우遇가 태어났다.

1578년(선조 11, 33세) **무인.** 측실 소생의 아들 적迪이 태어났다. 11월, 부친상을 당하였다. 12월, 모친상을 당하였다.

1579년(선조 12, 34세) **기묘.** 봄, 부친과 모친을 지곡 언덕에 장사 지냈다.

1580년(선조 13, 35세) **경진.** 10월, 부인 순흥안씨가 사망하였다.

1581년(선조 14, 36세) **신사.** 2월, 부모의 상을 마쳤다.

1582년(선조 15, 37세) **임오.** 창녕성씨昌寧成氏에게 장가 갔다.

1583년(선조 16, 38세) **계미.** 무과에 응시하였다. 겨울, 전력부위에 제수되었다.

1584년(선조 17, 39세) **갑신.** 8월, 별시무과에 급제하였다.

1585년(선조 18, 40세) **을유.** 측실 소생의 아들 을생乙生이 태어났다. 봄, 수의부위 권지權知 훈련원 부봉사에 보임되었다. 4월, 의주 용만의 군진에 배속되었다.

1586년(선조 19, 41세) **병술.** 의주에 있었다. 4월, 병절교위로 승진하였다.

1587년(선조 20, 42세) **정해.** 의주에 있었다. 3월, 과의교위로 승진하였다.

1588년(선조 21, 43세) **무자.** 1월, 정략장군으로 승진하였다. 2월, 의주에서 돌아오는 길에 평안도 강동江東에 유배된 조호익曺好益을 방문하였다.

1589년(선조 22, 44세) **기축.** 2월, 아들 구遘가 태어났다.

1591년(선조 24, 46세) **신묘.** 봄, 경상좌도 수사 박홍朴泓의 막료가 되었다. 가을, 진위장군이 되었다. 겨울, 어모장군으로 승진하였다.

1592년(선조 25, 47세) **임진.** 4월, 박홍의 막료를 사임하고 돌아왔다. 27일, 고향에서 창의하였다. 가묘에 고하고 아우 응전應銓과 응평應平, 고을 사람 이온수李蘊秀, 가동家僮 4~5인과 함께 향병鄕兵을 수습하여 왜적을 토벌하자고 맹세하였다. 5월, 대동大洞(영천시 화산면 대미리, 경주·영천·대구로 통하는 길목)에서 왜적을 격파하고, 또 한천漢川(영천시 화남면 삼창리)에서 왜적과 싸워서 크게 이겼다. 영천의 관노 희손希孫이 무리 수백 명을 모아 몰래 왜적과 결탁하여 고을을 약탈하고 또 해치려고 하자 공은 기회를 살펴 그들을 모두 잡아서 죽였다. 18일, 희손의 무리를 추격하여 토벌하는 동안 왜적 5급을 참살하였다. 27일, 왜적 10급을 베고, 토적土賊 20여 명을 끝까지 추적하여 생포해 모두 죽였다. 6월, 경상좌도 병사 박진朴晉의 부름에 달려갔다가 얼마 뒤에 사양하고 돌아왔다. 7월, 경상도 초유사 김성일金誠一이 공을 의병대장으로 삼았다. 14일, 박연博淵(영천시 화산면 석촌리)에서 왜적을 격파하였다. 22일, 소계召溪(군위군 효령면 화계리)에서 왜적을 추격하여 격파하였다. 또 사천沙川(영천시 화남면 사천리)에서 왜적을 공격하여 쫓아내었다. 23일, 신녕과 영천을 위시한 경상좌도 각 고을에서 총 3,500여 명(3,560~3,570여 명)의 병사가 모였다. 이 자리에서 영천 군수 김윤국金潤國을 의병대장으로 추대했지만, 김윤국은 경상도 초유사 김성일이 이미 권응수를 의병대장으로 삼았다며 사양하였고, 또 자리에 모인 의병장들의 추대가 있어서 공이 의병대장이 되었다. 모인 병사들을 '창의정용군倡義精勇軍'이라는 기치 아래 세 부대로 나누고는 신해申海를 좌총左摠으로, 최문병崔文炳을 우총右摠으로, 정대임鄭大任을 중총中摠으로 삼고, 홍천뢰洪天賚를 전봉장前鋒將으로, 김윤국을 별장別將으로, 정담鄭湛과 정세아鄭世雅를 찬획종사贊劃從事로 삼아 영천성의 왜적을 섬멸할 계획을 세운 다음, 와촌瓦村(영천시 청통면)으로 진격하였다. 24일, 추평楸坪(영천시 남부동 주남들)에 군진軍陣을 폈다. 25일, 군사들에게 화공火攻할 도구를 많이 준비하게 하였다. 26일, 진격하여 성을 포위하고 왜적 100여 급을 베고 돌아왔다. 27일, 드디어 성을 공격하여 화공으로 영천성을 수복하였다. 28일, 왜적에게 포로로 잡힌 우리나라 백성 1,090여 명을 모두 구해 고향으로 돌려보냈다. 29일, 조경온曺景溫의 부음을 받고 곧바로 달려가서 곡하였다. 조경온은 부모와 선조의 묘소를 지키다가 왜적에게 죽임을 당하자 "살아서는 효를 다하였고, 죽어서는 절의를 지켰다."라고 하고는 빈렴殯殮을 하고 돌아왔다. 8월, 장수들을 모아 계연鷄淵(울주군 두서면 활천리)에서 싸워 경주성을 수복하였다. 9월, 절충장군에 오르고 경상좌도 병마우후에 제수되었다. 10월, 두 왕자가 적에게 붙들리고, 적이 선릉宣陵과 정릉靖陵을 파헤쳤다는 소식을 듣고는 북망하고 통곡하였다. 12월, 경상좌도 병마조방장에 이배移拜되었다.

1593년(선조 26, 48세) **계사.** 2월, 순찰사 한효순韓孝純과 함께 일곱 군郡의 병사를 모아 당교唐橋(문경시 모전동과 상주시 함창읍 윤직리)에서 왜적을 섬멸하였다. 25일, 문경 산양山陽 탑전塔前에서 왜적을 공격하여 100급을 베었다. 경상좌도 병사에 특배特拜되었다. 이해 큰 기근이 들어 죽을 쑤고 약을 달여 군사와 백성들을 진휼하였다. 4월, 안동 모은루慕恩樓 아래에서 적과 싸워 크게 격파하였다. 또 구담九潭(안동시 풍천면 구담리)까지 왜적을 추격하여 수급과 포로 100여 급을 얻어서 돌아왔다. 5월, 김성일을 곡하였다. 7월, 밀양의 왜적을 공격하여 크게 격파하였다. 9월, 충좌위 부호군 겸 경상좌도 방어사로 교체되었다. 10월, 대궐에 나아가 사은하였다.

1594년(선조 27, 49세) **갑오.** 1월, 가선대부 용양위 대호군 겸 경상 병마좌별장이 되었다. 4월, 황룡사 아래에서 적을 격파하고 부장 권응심權應心을 보내 왕세자의 행궁에 괵이馘耳를 바쳤다. 군사를 경주와 울산 경계에 주둔시켜 경비를 더욱 강화하였다. 7월, 충청 방어사를 겸하였다. 은진 현감 이곡李穀과 함께 경주 창암倉巖(영천시 고경면 창하리)에서 왜적을 격파하자, 적장 가등청정加藤清正이 놀라 달아났다.

1595년(선조 28, 50세) **을미.** 1월, 경상좌도 방어사를 겸하였다. 4월, 형산강가에서 왜적을 크게 격파하였다.

1596년(선조 29, 51세) **병오.** 4월, 창원에 있었다. 경상우도 방어사 곽재우郭再祐와 전 한림 성안의成安義가 찾아와서 만났다. 10월, 병으로 사직하였으나 임금이 윤허하지 않았다.

1597년(선조 30, 52세) **정유.** 5월, 집안의 곡식 200곡을 관에 납부하여 군량에 보태게 하자, 임금이 수교手敎를 내려 포상하고 표리表裏 1습을 하사하였다. 8월, 군현郡縣에 칙명을 내려 방수防守를 더욱 엄격하게 하였고, 또 수령으로 달아난 자들의 성명을 적어서 조정에 알리게 하였다. 9월, 관찰사 이용순李用淳 및 병사 김응서金應瑞와 달성 아래까지 왜적을 추격하여 크게 격파하였다. 11월, 임금이 명을 내려 명나라 총병 이여매李如梅에게 소속되게 하고, 선전관을 세 번이나 파견하여 밀지密旨를 내렸다. 또 임금이 명을 내려 함경도와 강원도 군사를 명나라 부총병 해생解生에게 이속移屬하게 하였다. 대구에서 해생을 맞이하러 상주까지 갔다. 12월, 해생이 울산 도산島山까지 따라와 반구정伴鷗亭 아래의 왜적을 불로 태워 죽였다.

1598년(선조 31, 53세) **무술.** 1월, 명나라 경리 양호楊鎬에게 도산의 포위를 풀고 환군還軍하기를 청하였다. 7월, 병으로 사직하였으나 임금이 윤허하지 않았다. 8월, 임금이 명을 내려 명나라 제독 마귀麻貴에게 이속하게 하였다. 10월, 명나라 장사將士들을 좇아 군사를 진격시켜 적의 진지를 핍박하였다. 11월, 왜적이 호남과 영남에서 달아나자 전란이 모두 평정되었다. 12월, 가의대부로 승진하였다.

1599년(선조 32, 54세) **기해.** 2월, 밀양 부사를 겸하였다. 9월, 여러 군현을 순시하며 병마兵馬를 훈련하였다.

1600년(선조 33, 55세) **경자.** 3월, 병마를 순시하다가 경주에 이르러 이언적李彦迪의 고택을 방문하였다. 4월, 교체되어 고향으로 돌아왔다. 5월, 의흥위 부사직에 제수되었다. 6월, 의인왕후懿仁王后가 승하하자 대궐에 나아가 곡하였다. 8월, 영변 대도호부사에 제수되었으나 부임하지 않았다. 부사직 겸 오위장에 제수되었다. 9월, 재신宰臣들을 따라 명나라 장사들을 개성부에서 전별하였다. 11월, 병으로 사직하고 고향으로 돌아왔다.

1601년(선조 34, 56세) **신축.** 1월, 호분위 상호군 겸 사복장에 제수되었으나 부임하지 않았다. 7월, 화양동華陽洞(영천시 신녕면 매양리 어일동)에 복거卜居하였다. 11월, 예천 고평리高坪里에 가서 정탁鄭琢을 방문하였다.

1602년(선조 35, 57세) **임인.** 9월, 부사직 겸 내금위장에 제수되어 조정에 나아가 사은하였다. 11월, 훈련 도정을 겸하였다. 『소학小學』과 『대학大學』을 하사받았다.

1603년(선조 36, 58세) **계묘.** 1월, 황해 병사에 제수됐으나 병으로 체직해 주기를 극력 청하자 동지중추부사에 제수하였다. 2월, 충무위 호군에 제수되었다. 3월, 경연經筵에 입시하였다. 4월, 병으로 사직하고 고향으로 돌아왔다. 7월, 송宋나라 소식蘇軾의 적벽고사赤壁故事를 본받아 달밤에 금호강에서 뱃놀이하였다. 8월, 어영 중군에 차출되고 동지중추부사에 다시 제수되었으나 모두 부임하지 않았다. 이해에 방대정方臺亭(청송군 안덕면 신성리 방호정方壺亭)에 우거寓居하였다.

1604년(선조 37, 59세) **갑진.** 2월, 한성 좌윤에 제수되었으나 부임하지 않았다. 6월, 25일에 효충장의협력效忠仗義協力 선무공신 제2등 제2위 전체 제5위에 책록되고 화산군花山君에 봉해졌다. 『심경心經』과 『춘추좌씨전春秋左氏傳』을 하사받았다. 7월, 자헌대부에 올랐다. 임금의 부르는 명을 받고 조정으로 돌아가 오위도총부 도총관을 겸하였다. 9월, 6일에 공신각에 영정을 그려 걸었다. 임금이 그 모습을 보고 경이롭게 여겨 말하기를 "권응수의 용자가 바로 이와 같은가."라고 하였다. 즉시 불러 좌우를 둘러보며 말하기를 "그림 속의 모습이 정말 이 사람이도다, 정말 이 사람이도다."라고 하였다. 10월, 교서를 내려 위로하였다. 반당伴倘 6인, 노비奴婢 9인, 구사丘史 4인, 전지田地 80결, 은자銀子 7냥, 표리表裏 1단, 내구마內廏馬 1필을 하사하였다. 28일, 회맹제會盟祭에 참석하였다. 이달 오위도총부의 여러 수재守宰와 한강 강가에서 수계修契하였다.

1605년(선조 38, 60세) **을사.** 1월, 관직이 깎여 의금부에 갇혔다가 풀려났다. 2월, 부호군 겸 무용장武勇將에 제수되었다. 3월, 다시 화산군에 봉해졌다. 4월, 오위도총부 도총관을 겸하였다. 5월, 휴가를 받고 고향으로 돌아와 분황焚黃하였다.[1월 의금부에 갇힌 일을 『선조실록宣祖實錄』에는 1599년(선조 32) 6월의 일로 기록하고 있다.]

1606년(선조 39, 61세) **병오.** 1월, 병으로 겸대兼帶하던 관직에서 체직되었다. 10월, 왜구의 침입이 있어서 경상도 방어사에 제수되었다. 12월, 순시하다가 성주에 이르러 정구鄭逑를 방문하였다. 서재를 지산芝山(영천시 신녕면 치산리)에 건립하고 백운재白雲齋라는 편액을 걸었다. 백운재의 '백운白雲'은 남조南朝 양梁나라 도홍경陶弘景(456-536)의 '농상백운隴上白雲' 고사를 끌어다 쓴 것이다. 도홍경이 제齊나라 고제高帝가 산중에 무엇이 있기에 조정으로 돌아오지 않느냐는 물음에 답한 한 시에서 "산중에는 그 무엇이 있으랴만, 언덕 위엔 흰 구름 많이 있다오. 나 혼자만 보고서 즐길 뿐이고, 그대에겐 가져다줄 수가 없다네.[山中何所有? 隴上多白雲. 只可自怡悅, 不敢持贈君.]"라고 한 뒤로, 은거하는 한가로운 삶을 지칭하는 말로 쓰이게 되었다. 이 백운재는 전란 뒤 노년 권응수의 심회와 평소의 뜻을 잘 담은 말이었기 때문에 자연스럽게 그의 호號가 되었다.

1607년(선조 40, 62세) **정미.** 1월, 왜구가 물러나자 체직되어 고향으로 돌아왔다. 2월, 소명을 받고 조정으로 올라가서 오위도총부 도총관을 겸하고 공신들의 중삭연仲朔宴에 참여하였다. 3월, 평안 병사에 제수되었으나 병으로 면직되었다. 4월, 함경 병사에 제수되었으나 또 병으로 면직되자 그날 고향으로 돌아왔다. 12월, 공조 판서에 제수되었으나 부임하지 않았다. 임금이 본도에 명하여 음식물을 하사하였다.

1608년(선조 41, 광해군 즉위년, 63세) **무신.** 2월, 선조가 승하하자 상경하여 대궐에 나아가 곡림哭臨하였다. 4월, 남영장南營將을 겸하였다. 5월, 병으로 체직되었다. 7월, 병이 더욱 심해졌다. 5일에 임금이 의원을 보내 진료하게 하였다. 12일 진시辰時에 한성의 여사旅舍에서 별세하였다. 부음을 듣고 임금(광해군)이 크게 슬퍼하면서 조정과 시장을 닫고는 부의를 보내고 치제致祭하였다. 14일에 영의정 이원익李元翼을 보내 조문하였다. 26일에 다시 예조 좌랑 이후李厚를 보내 치제하였다. 29일에 아들 구가 영구를 받들고 고향으로 돌아왔다. 10월, 영천 서쪽 천곡泉谷(영천시 청통면 애련리) 건좌乾坐 등성이에 장사 지냈다. 송장送葬한 사람이 수백 명이었다.

1624년(인조 2) **갑자.** 1월, 효충장의협력 선무공신 숭정대부 의정부 좌찬성 겸 판의금부사 화산군에 추증되었다. 이해 종가의 화재로 보관하던 많은 유물과 문적이 소실되었다.

1676년(숙종 2) **병진.** 지역 유림이 백운재 뒤쪽에 경덕사敬德祠를 창건하여 위패를 모셨다.

1685년(숙종 11) **을축.** 10월, 경덕사를 지산서원芝山書院으로 확장하는 공사를 시작하였다. 이듬해 1686년 병인년 겨울에 서원이 완공되자 귀천서원龜川書院으로 사액되고, 11월 17일에 위판을 봉안하였다. 사당은 경덕사, 강당은 부교당敷敎堂, 동재東齋는 경직재敬直齋, 서재西齋는 의방재義方齋, 대문은 경충문敬忠門, 문루는 광제루光霽樓라고 하였다.

1689년(숙종 15) **기사.** 겨울, 증손자 심형審衡과 복형復衡 등이 시장諡狀을 올려 시호를 내려 줄 것을 청하였다. 두 해 뒤인 1691년 신미년 7월에 충의忠毅라는 시호가 내리고, 다시 두 해 뒤인 1693년 계유년 9월 22일에 이조 좌랑 김문하金文夏가 명을 받들어 선시宣諡하였다. 일신의 위험을 무릅쓰고 몸 바쳐 임금을 받듦을 충이라고 하고, 굳건하여 능히 결단을 내림을 의라고 한다.[危身奉上曰忠, 强而能斷曰毅.]

1786년(정조 10) **병오.** 5세손 홍운弘運이 『백운재충의공실기白雲齋忠毅公實紀』를 엮어서 4권 2책의 목판본으로 간행하였다.

1968년 무신. 8월 15일, 마을 뒤쪽 저수지의 붕괴로 영천시 신녕면 화남리 갑현甲峴(갑티, 갑령甲嶺)의 백운재종가白雲齋宗家를 비롯한 후손들의 세거지世居地가 물에 모두 쓸려 나갔다.

1979년 기미. 영천시 신녕면 화남리 갑티의 옛 종가 자리에 정부의 호국 위인 유적 정화 사업으로 권응수 장군 유적지가 조성되면서 사당 경충사景忠祠와 유물관 충훈각忠勳閣이 건립되었다.

2000년 경진. 11월, 『국역충의공권응수장군실기國譯忠毅公權應銖將軍實紀』가 간행되었다. 이때 남공철南公轍의 「영천복성비명永川復城碑銘」과 이만도李晩燾의 「영천복성비각상량문永川復城碑閣上樑文」을 추록追錄해서 번역하였다.

2023년 계묘. 5월, 영천시 신녕면 화남리 갑티의 경충사 앞에 영천복성비永川復城碑를 건립하였다.

2 효자 가문에서 충신 될 재목으로 태어나다

권응수는 효자 가문의 지극한 효자로서 임진왜란이라는 전대미문의 국난의 상황에 부모에게 효도하는 마음을 옮겨 임금과 나라에 충성을 다한 만고의 충신이다. 조선 후기 영남의 학자 소산小山 이광정李光靖(1714-1789)은 『백운재충의공실기』의 서문(『백운재충의공실기』 권수 / 『소산집小山集』 권8 「권충의공실기서權忠毅公實紀序」)에서 "공은 젊어서 부모를 생전에 잘 봉양하고 부모가 돌아가신 뒤 그 상을 지냄에 효로써 널리 알려졌다. 선조 대왕의 국상에는 이미 늙고 병들어서 일관日官의 말이 한양으로 올라감은 좋지 않다고 하자, 개연히 말하기를 '임금의 국상이 어떤 일인데 그냥 집에서 편히 있을 것인가.' 하고는, 마침내 상경했다가 죽음을 맞아

관에 실려 돌아오니, 공이 벗 조경온을 두고 '충신은 반드시 효자 가문에서 구한다.[求忠臣必於孝子之門]' 한 것은 바로 자신을 두고 한 말이라고 이름이 가할 것이다."라고 높이 평가하였다.

권응수에 대한 이와 같은 평가는 그의 「행장行狀」과 「시장諡狀」 등에도 공통되게 언급되어 있다.

> 공은 부모를 잘 섬겼는데, 부모가 일컬어 말하기를 '애석하도다. 내가 이 아이가 이름을 드날리는 것을 못 보겠구나.' 하였다. 만력萬曆 무인년(1578, 선조 11, 33세) 겨울에 부모가 역병으로 함께 돌아가시고 공도 전염되어 거의 위태로운 지경에 이르렀는데도 여전히 가슴을 치면서 통곡하였으며, 씻긴 뒤 반함飯含하고 수의를 입혀 염습殮襲하는 일을 직접 살펴서 하여 예禮에 유감이 없게 하자, 보고 들은 사람들은 모두 참으로 지현공知縣公의 후손이라고 하였다.
>
> – 이광정李光庭(1674–1756), 「행장」(『백운재충의공실기』 권2 / 『눌은집訥隱集』 권17 「효충장의협력선무공신자헌대부행공조판서화산군증숭정대부의정부좌찬성시충의공권공행장 効忠仗義協力宣武功臣資憲大夫行工曹判書花山君贈崇政大夫議政府左贊成諡忠毅公權公行狀」)

> 성품이 지극히 효성스러워 부모를 섬길 때는 그 힘을 다하였다. 무인년(1578, 선조 11)에 부모가 역병으로 돌아가시고 공도 또한 전염되어 거의 어떻게 할 수 없었지만, 부모의 상을 지내는 예가 고을 사람들을 감동하게 하였으니, 공이 행한 일을 들은 사람들은 모두 "참으로 현감공縣監公의 후손이로다."라고 하였다.
>
> – 권유權愈(1633–1704), 「시장」(『백운재충의공실기』 권3)

이 두 글에서는 모두 1578년(선조 11) 권응수가 33세 때 마을에 역병이 돌아 그해 11월에는 부친이 돌아가시고 12월에는 모친이 돌아가시자, 권응수가 효자로서 부모의 상장례喪葬禮를 극진하게 지낸 일을 언급하고 있다. 그중 앞의 글에서 말한 지현공知縣公과 뒤의 글에서 말한 현감공縣監公은 바로 권응수의 6대조 권질權晊(1358-1445)을 말한다. 호가 모헌慕軒이고, 개령 현감開寧縣監을 지냈기 때문에 지현공, 곧 현감공이라고 한 것이다. 젊어서 당시로서는 드물게 모친상에 삼년상을 지내 효행으로 1402년(태종 2) 태종이 정려旌閭를 내렸고, 후일 『동국신속삼강행실도東國新續三綱行實圖』에 「권질거려權晊居廬」로 수록되었다. 이로부터 권응수의 집안은 효자 가문으로 이름이 널리 알려지게 되었다. 권질은 안동시에 거주했기 때문에 그가 살던 마을에 있던 정려각을 현재는 후손들의 세거지인 영천시 화남면 가상리 모산茅山로 옮겨서 기리고 있다.

권질의 손자이자 권응수의 증조부 권열權挒(?-?)은 영천시 옛 신녕현新寧縣 지역 안동권씨安東權氏의 입향조入鄕祖이다. 자가 평중平仲이고, 호가 구의헌九宜軒이다. 1465년(세조 11) 식년문과에 급제하여 1474년(성종 5)경 무안 현감務安縣監을 역임하였으며, 1476년(성종 7) 사헌부 지평에 제수되고 뒤에 광주 목사光州牧使를 역임하였다. 1496년(연산군 2) 광주 목사 재임 시에 연산군의 난정을 충절忠節로 직간하다가 낙향하여 안동시에서 영천시 옛 신녕현 지역인 지금의 영천시 화산면 가상리 화산華山 기슭 가래실(추곡楸谷)로 이주했다고 전해 온다. 시조 권행權幸이 김선평金宣平·장정필張貞弼과 함께 고려 창업을 도왔던 그 충절을 이어받은 것이었다.

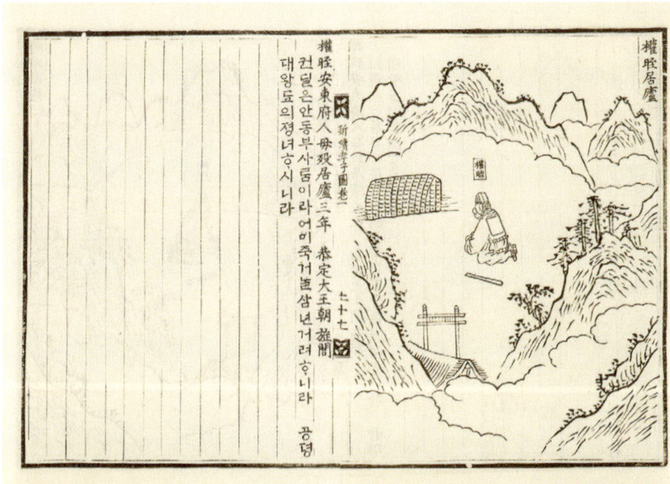

『동국신속삼강행실도』「권질거려」(서울대학교 규장각 한국학연구원 제공)

권응수의 연보(『백운재충의공실기』 권1 「연보 병오丙午」)에서 태어날 때 "태어나던 날 안동부 태사묘에 보관된 시조 권행權幸의 옥적玉笛이 홀연 저절로 울리자, 사람들은 이것을 공의 출생을 알린 것이라 하였다."라고 한 것은, 고려 창업을 도운 시조 권행의 충절이 후손들에게 계승되고 있음을 밝힌 것이다. 권열은 가래실로 이주한 다음 이 마을 중앙에 느티나무를 심었는데, 후손들이 대대로 이 나무 아래에서 시서詩書를 강론하고, 예의와 활쏘기를 익혔다고 한다. 권응수는 임진왜란을 당해 시조 권행 이후 권질과 권열을 거치면서 전세傳世의 가훈으로 자리 잡은, 집안에서 부모에게 효도하며 그 마음을 가지고 나가서는 임금에게 충성하는 '이효위충以孝爲忠'의 정신으로 형제 숙질들을 모아 이곳에서 창의하였다.

앞서 이광정은 『백운재충의공실기』의 서문에서 "공이 벗 조경온을 두고 '충신은 반드시 효자의 가문에서 구한다.[求忠臣必於孝子之門]' 한 것은 바로 자신을 두고 한 말이라고 이름이 가할 것이다."라고 평했는데, 시조 권행부터 6대조 권질과 증조부 권열을 거치며 효자 가문으로 정착한 권응수 가문, 효자 가문에서 충신을 배출한 권응수 가문의 이와 같은 역사를 염두에 두고 말한 것이다.

효자 가문 출신의 효자들은 집안에서는 부모를 봉양함에 효성이 지극했을 뿐 아니라, 조정에 출사해서는 임금의 그릇된 행동이나 어지러운 정치를 보게 되면 부모를 받드는 마음, 곧 부모에게 효도하는 마음을 가지고 임금에게 충성하는 '이효위충'의 정신으로 임금에게 극간極諫을 거침없이 하였다. 고려에 충절을 지킨 포은圃隱 정몽주鄭夢周(1337-1392)와 야은冶隱 길재吉再(1353-1419)를 세종 때 편찬한 『삼강행실』에 각각 「포은운명圃隱隕命」과 「길재항절吉再抗節」로 기리고 있거니와, 조선시대 효자이자 충신인 선비들의 문집에서는 임금의 그릇됨을 상소 등의 글로 극간하고도 한편으로는 그 임금을 지극히 사모하는 연주戀主의 정을 담은 작품을 동시에 남기고 있는 일견 모순된 듯한 모습을 흔히 발견하게 된다. 임금의 잘못을 간하는 충절과 임금을 사모하는 연주의 정은 서로 다른 마음이 아니라 모두 효자가 부모에게 효도하는 마음을 임금에게 충성하는 마음으로 바꾼 그 마음이기에 그러하다.

평상시에도 그러한데, 국난의 상황인 전란의 시기에는 그 마음을 가지고 당연히 근왕勤王의 창의倡義가 있게 되는 것이다. 임진왜란 때 전국에서 의병이 다수 일어난 것은 이 때문이다. 영천시 화산면 가상리를 위시한 조선시대 신녕현 지역에 거주한 권응수의 일족 안동권씨 가문이 대표적인 예일 것이다. 그들은 임진왜란 때 권응수의 창의에 호응하여 그 의병군에 대거 참여하였는데, 그중 후일 선무공신과 선무원종공신에 책훈된 사람으로 옛 신녕현 읍지邑誌인 『화산지花山誌』 권2의 충훈편忠勳編과 녹훈편錄勳編에 수록된 사람만도 20명에 이른다.

권응수는 임진왜란이 일어나자 경상좌도 수사 박홍의 막료로 있다가 그의 무능함을 보고는 고향으로 돌아와서 창의하였다. 1592년(선조 25, 47세) 4월 27일 고향에서 먼저 아우 응전과 응평, 같은 고을 사람 이온수, 그리고 가동 4~5인과 함께 향병을 수습하여 왜적을 토벌하자고 맹세하였다. 5월에는 대동과 한천 등에서 왜적을 크게 격파하고, 또 왜적과 결탁한 영천의 관노 희손을 우두머리로 한 토적들을 모두 잡아서 죽였다. 이 과정에 영천시 옛 신녕현 일대에 살던 안동권씨 일족을 중심으로 의병군의 세력을 확장하는 한편, 같은 고을의 절친한 친구인 조경온에게 충신은 반드시 효자의 가문에서 구한다고 하면서 자신의 의병군에 참여해 줄 것을 권하였다. 이때 조경온에게 보낸 편지가 『백운재충의공실기』 권2의 일고逸稿 중 「처사 조경온에게 보낸 서찰[與

曺處士 景溫」로, 1592년 5월에 발송한 것이다. 들어 보면 다음과 같다.

> 추로醜虜의 소식은 전에 여러 번 말씀드렸습니다. 본진의 군용軍容이 이제 겨우 정돈되었기에, 이때 뜻을 같이하는 선비를 얻어 만전萬全의 계책을 도모하고자 하는데, 형은 부모와 선조의 묘소를 지키려는 생각으로 힘을 함께하려는 저의 바람을 저버리시니, 하늘이 낸 지극한 효성을 남들이 빼앗을 수 없음을 참으로 잘 알고 있습니다. 가만히 생각건대, 고요한 중에 헤아림에 반드시 잡은 적을 심문하는 방법에 미친 바가 있을 것이니, 알려 주시기를 바랍니다. 바야흐로 첩자를 많이 두어 적의 동태를 정탐하는 것은 중요하고, 이러한 때 산을 등지고 물을 등진 채 진을 치는 법은 어느 곳을 의거해야 타당할지요?
>
> -『백운재충의공실기』 권2, 「처사 조경온에게 보낸 서찰」

조경온에게 보낸 이 편지로 권응수가 임진왜란을 맞아 4월 27일 고향에서 의병을 일으키기 전부터 조경온과 편지로 긴밀하게 연락하고 있었음을 알 수 있다. 말하자면 권응수가 처음 창의할 때, 영천시 옛 신녕현 일대의 자신의 일족 안동권씨들만이 아니라, 그 지역의 유력 가문인 창녕조씨昌寧曺氏 가문과의 연대를 통해 의병군의 세력 확장을 꾀한 것이다. 그러나 조경온은 부모와 선조의 묘소를 지키는 일이 효자로서 자신의 길임을 밝히며 거절하였고, 권응수는 대신 첩자를 써서 적의 동태를 정탐하고 군진을 치는 방법 등 의병을 운용하는 여러 전략에 대해 자문을 구하고 있다.

조경온은 이렇게 권응수의 의병군에 참여하지 않고 부모와 선조의 묘소를 지키다가 왜적에게 죽임을 당하였다. 권응수는 7월 27일 영천성을 수복하고 이틀 뒤인 7월 29일에 그 부음이 이르자 곧바로 달려가서 곡하면서 "살아서는 효를 다하였고, 죽어서도 또한 절의를 지켰다."라고 하고는, 빈렴을 하고 돌아왔다. 부모와 선조의 묘소를 지킨 그의 지극한 효성을 높이 기리고, 그 아들 조축曺舳(1571-1618)을 사위로 삼았다. 후일 귀천서원을 설립할 때는 국난의 상황에 대처하는 방식은 달라도 권응수와 똑같은 지극한 효자로서 귀천서원에 배향되었다.

비록 조경온은 권응수의 의병군에 참여하지 않았지만, 계속되는 전투에서 권응수의 의병군이 승리한 것에 자신을 얻은 데다, 효자로서 가정을 보존하고(효孝) 그것을 기반으로 지역을 수호하고 나라에 헌신한다는(충忠) 권응수의 창의 취지가 크게 호응을 얻어 영천시 옛 신녕현 일대 여러 가문 인사들이 권응수 의병군에 참여하게 되었고, 나아가 옛 영천군永川郡과 경상좌도 각 고을의 여러 의병군이 대거 권응수의 의병군에 가세하여 병력 총 3,500여 명(3,560~3,570여 명)의 대규모 의병부대가 이루어지면서 영천성 수복의 기반이 마련되었다.

3 창의정용군의 깃발 높이 들고 영천성을 수복하다

영천永川은 조선시대 사통팔달 교통의 요지로서 주요 역로驛路와 봉수烽燧가 경유하는 지역이었다. 동쪽으로는 안강安康을 거쳐 경주慶州와 울산蔚山 방면으로 연결되는 교통망이 구축되어 있었고, 서쪽으로는 하양河陽을 거쳐 대구大邱와 성주星州 방면으로 연결되는 교통망이 구축되어 있었다. 또 남쪽으로는 경산京山을 거쳐 대구와 청도淸道 방면으로 연결되는 교통망이 구축되어 있었으며, 북쪽으로는 신녕新寧을 거쳐 군위軍威·의성義城과 상주尙州·안동安東 방면으로 연결되는 교통망이 구축되어 있었다. 동북쪽으로는 청도를 거쳐 청송靑松과 청하淸河로 연결되는 교통망이 구축되어 있었다.

조양각

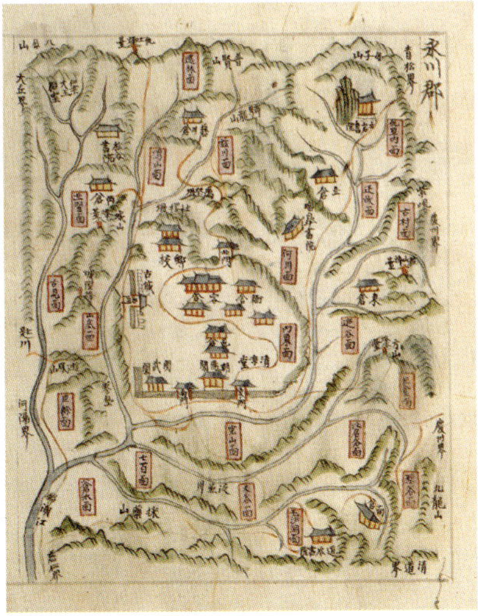

「영천군 전도」(서울대학교 규장각한국학연구원 제공)

따라서 영천은 왜군이 경상좌도를 통해 북상하기 위해서는 반드시 거쳐야 하는 교통 중심지였으며, 나아가 영천성永川城은 경상좌도를 장악하여 북상하는 본군本軍의 병참선을 안정적으로 확보하기 위해 반드시 점거해 놓아야 하는 전략적으로 몹시 중요한 요충이었다. 더욱이 영천은 사슴을 잡을 때 뒤에서는 다리를 잡고 앞에서는 뿔을 잡아 꼼짝할 수 없게 하듯이, 전후와 좌우에서 조선의 군대를 견제할 수 있는 기각掎角의 형세를 이룬 곳이었기 때문에, 왜군 50명에서 100명 정도의 소수 병력을 주둔시킨 다른 지역과는 달리 1,000여 명에 달하는 대규모 병력을 주둔시켜 지키는 한편, 그곳을 거점으로 사방을 약탈하고 살육을 일삼아 경상좌도의 전 지역은 거의 무인지경이 되었다.

권응수는 1592년(선조 25, 47세) 4월 27일 고향에서 창의한 뒤, 5월에는 대동과 한천에서 왜군을 크게 격파하여 의성으로 통하는 길을 끊었다. 또 왜군과 결탁한 영천의 관노 희손을 우두머리로 한 토적 무리를 잡아 죽여 내부의 변고를 사전에 막았다. 7월에는 경상도 초유사 김성일이 그를 의병대장으로 삼자, 신녕과 영천을 중심으로 한 경상좌도 지역 의병을 모아서 영천성을 수복할 계획을 세웠다. 먼저 14일에는 박연에서 왜군을 격파하였으며, 22일에는 소계에서 왜군을 추격하여 격파하고 사천에서 왜군을 공격하여 쫓아내었다. 이와 함께 영천의 의병장 모헌慕軒 손덕침孫德沈(1537-1596)의 의병군은 창암에서 왜군을 격파하였다. 이렇게 박연, 소계, 사천, 창암 등의 전투에서 승리하자 의병군의 사기는 크게 진작되었고, 영천성에 주둔한 왜군은 사방이 차단된 채 고립되었다.

7월 23일에는 신녕과 영천을 위시한 경상좌도 각 고을에서 총 3,500여 명(3,560~3,570여 명)의 군사가 모였다. 권응수는 영천군수 김윤국을 의병대장으로 추대하였지만, 그는 경상도 초유사 김성일이 이미 권응수를 의병대장으로 삼았다고 사양하였다. 그러자 그 자리에 모인 의병장들이 모두 권응수를 추대하여 의병대장이 되었다. 그는 모인 병사들을 '창의정용군'이라는 기치 아래 세 부대로 나누고는 신해를 좌총으로, 최문병을 우총으로, 정대임을 중총으로 삼고, 홍천뢰를 전봉장으로, 김윤국을 별장으로, 정담과 정세아를 찬획종사로 삼아 영천성의 왜적을 섬멸할 계획을 세운 다음, 와촌으로 진격하였다.

7월 24일에는 추평(주남들)에 군진을 펴고는

① 두려워 어지럽게 말하는 자는 참수한다.
② 적을 보고 다섯 보 물러나는 자는 참수한다.
③ 마음대로 행동하는 자는 참수한다.
④ 장군의 명을 따르지 않는 자는 참수한다.
⑤ 전투에 임하여 대오를 이탈하는 자는 참수한다.

는 다섯 가지 군율을 공표하자, 장졸將卒들이 모두 "군중軍中에서 장군의 명령을 듣는 자라면 어찌 감히 어김이 있겠습니까. 마땅히 약속대로 하겠습니다."라고 하였다. 또 지형과 지세를 고려한 작전 계획을 수립하였는데, 영천 지역에 음력 7~8월에 부는 계절풍 '건들매'를 이용한 화공火攻을 하기로 하였다. 건들매는 건들건들 부는 바람으로, 먼지가 일고 종이가 날리며 나뭇가지가 흔들릴 정도의 상당히 강한 바람이다. 이와 함께 영천성 내에는 큰 식수원이 없어서 강물을 길어 가야 하므로 이것도 막기로 하였다.

7월 25일에는 수립한 작전 계획에 따라 병사들에게 공성 전투에 필요한 장비와 화공할 도구를 많이 준비하게 하였다. 병사 1,000여 명을 보내 마른 섶과 건초를 가져와 성 밖에 수북이 쌓아 두고 화구를 준비하게 하였는데, 습기가 있으면 태우기 어려울 것을 염려하여 종이로 화약을 싸고 질려포蒺藜砲를 그 안에 갈무리해 두었다. 산야의 큰 나무와 긴 대나무를 베어 진중으로 실어 와 성곽을 넘을 긴 사다리와 조총을 막을 방패를 많이 만들고, 또 백병전에 필요한 사각 몽둥이도 많이 만들었다. 또 인가의 지붕 이엉과 빈 섬과 멍석 등을 거두어 와서 후일 사용하게 하였다. 밤에는 병사들에게 긴 대나무를 엮어서 큰 자리를 만들게 하고, 또 동쪽 성 밖에는 목책을 몰래 세웠는데 안에는 판목을 받친 다음 그 안에 흙을 많이 쌓아 언덕처럼 만들어서 성과 평평하게 하여 화살을 쏘고 총탄을 피하는 곳으로 삼았다.

7월 26일 새벽에는 진격하여 영천성을 포위하고 왜적 100여 급을 베고 돌아왔다. 그리고 7월 27일에는 드디어 화공으로 성을 공격하여 왜군을 섬멸하고 영천성을 수복하였다. 적의 신무기 조총의 약점을 정확히 이해한 데서 구사한 작전이 적중하였다. 조총은 화약으로 쏴서 맞추는 병기이므로 먼저 화약고를 불태워 놓고 싸움을 시작했고, 조총이 총을 한 번 쏘면 다음의 제2탄을 쏘기까지 시간이 걸리므로 조선의 활보다 기습과 조우전에 약하다는 점을 최대한 이용해 화공과 기습을 시도하여 대승을 거둔 것이다. 28일에는 전투를 마치고 전황을 점검해 본 결과, 아군은 사망 83명과 부상 238명으로 비교적 피해가 가벼웠으며, 영천성에 주둔하던 왜군은 강을 건너 달아난 일부를 제외하고는 모두 섬멸되고 말 200필과 총과 창검 900여 자루를 노획하였다.

권응수는 영천성을 수복한 다음 그 대승의 전과를 장계狀啓로 써서 신녕현의 공생貢生 이호李湖를 보내 행재소行在所(行朝)에 보고하였다. 이어 자신이 처음 창의할 때 참여했던 신녕현의 정응거丁應琚(1556~1595)를 파견하여 경주 죽장竹長(지금의 포항시 죽장면)에 있던 경상좌도 병사 박진에게 보고하고 또 왜군에게 노획한 물품도 보냈다. 『선조수정실록宣祖修正實錄』 선조 25년(1592) 8월 1일 기사에는 다음과 같이 기록되어 있다.

> 별장別將 권응수가 영천의 적을 격파하고 그 성을 수복하였다. 당시 왜적 1천여 명이 영천성에 주둔하여 안동에 주둔한 적과 서로 응하여 일로一路를 형성하고 있었다. 영천의 사민士民들은 여러 곳에 주둔한 의병과 연결하여 영천성을 공격하기 위해 박진에게 원조를 요청하자, 박진이 별장 훈련원 주부 권응수를 보내 거느리고 진군하여 공격하게 하였다. 권응수가 의

병장 정대임·정세아·조성曺峸·신해 등의 군사를 거느리고 진군하다가 영천 박연에서 적병을 만나 격파하고 그들의 병기와 재물을 거두었다. 이에 여러 고을의 군사를 모아 별장 정천뢰 등과 함께 진군하여 영천성에 이르자 적이 성문을 닫고 나오지 않았다. 권응수가 군사를 합쳐 포위하고 성문을 공격하여 깨뜨렸다. 권응수가 큰 도끼를 가지고 먼저 들어가 적을 찍어 넘기자 여러 군사가 용감하게 뛰어나가 북을 울리고 함성을 지르면서 진격하였다. 적병이 패하여 관아의 창고로 들어가자 관군이 불을 질러 창고를 태우니 적이 모두 불에 타서 죽었고, 도망쳐 나온 자도 우리 군사에게 차단되어 거의 모두 죽었으며, 탈출한 자는 겨우 수십 명이고 머리를 벤 것이 수백 급에 이르렀다. 그리하여 마침내 그 성을 수복하여 아군의 위세는 크게 떨치게 되었다. 안동 이하에 주둔한 적이 모두 철수하여 상주로 향하였으므로 경상좌도의 수십 고을이 안전하게 되었다. 권응수는 용맹스러운 장수로 과감히 싸우는 것에는 여러 장수가 따르지 못하였다. 이 일이 알려지자 상으로 통정대부에 오르고 방어사가 되었으며, 정대임은 예천 군수가 되었다. 정세아는 병사가 가장 많았으나 그 병사들을 모두 권응수에게 붙이고 행진行陣에 있지 않았으므로 상을 받지 못하였으며, 나머지는 차등 있게 상직賞職이 주어졌다.

– 『선조수정실록』, 선조 25년(1592) 8월 1일 기사

영천성 수복에 관련한 이『선조수정실록』 기사는 몹시 부정확하고 불분명하게 기록되어 있다. 이『선조수정실록』만이 아니라 또 다른 선조의 실록인『선조실록』도 차이가 없다. 전대미문의 전란 중에 실록의 기초가 되는 사초史草와 시정기時政記 등이 대부분 유실된 탓이다. 우선 처음에 권응수를 의병대장이 아닌 경상좌도 병사 박진의 별장으로 기록한 것은 사실과 다르다. 또한 영천성 수복 이후 그 공으로 절충장군에 오른 건 맞지만 경상좌

도 방어사가 된 게 아니라, 경상좌도 병마우후가 되었으므로 이것도 사실과 다르다. 중간의 영천성 수복 과정을 언급한 내용도 대체적인 모양만 갖추었을 뿐 구체적인 내용은 몹시 불분명하다. 영천성 수복 전투의 승리 이후에 권응수가 신녕현의 공생 이호를 보내 행재소(행조)에 올린 장계를 참고하지 않았음이 분명하다.

영천성 수복 전투 이후 권응수가 행재소(행조)에 올린 장계는 현재 남아 있지 않은 듯하다. 대신 『백운재충의공실기』 권2에는 「계啓」가 1편 실려 있다. 이것은 1593년(선조 26, 48세) 2월 25일 이후 경상좌도 병사에 특별 제수된 뒤 감격한 마음에 임진왜란 발발 이후의 자기 전투 이력을 밝혀서 행재소(행조)에 올린 장계이다. 먼저 왜적을 생포한 일을 아뢴다고 한 다음, 이어서 1592년(선조 25, 47세) 임진왜란이 일어난 4월 이후부터 1593년(선조 26, 48세) 2월 25일 이후까지 그간의 자기 전투 이력을 밝혀서 적고 있다. 그중 임진왜란 발발 이래 영천성 수복 전투까지의 부분을 뽑아서 월月 단위로 나누어 들어 보겠다.

① 1592년(선조 25, 47세) 4월

신은 경상좌도 수군절도사 박홍의 군관으로 그를 수행하였습니다. 그러다가 13일, 뜻밖에 왜적이 나타나 부산과 동래에 가득하므로 왜적을 제압할 방책이 없어 병사를 후퇴시키고 도피하였습니다. 향병을 모아 조금이라도 효과를 보려고 영천의 마을 뒤에 이르자 왜적은 이미 고개를 넘어 온 도에 가득하였습니다. 여러 군진이 무너져 각자 살려고 도망하여 왜적이 가까이 오지도 않았는데도 이미 먼저 달아나서 무너지자 무인지경에 들어가는 것과 같았습니다. 마음대로 횡행하여 곳곳에서 분탕질하며 사람을 살해하고 물품을 약탈하는데도 도에는 주장主將이 없어서 감히 저지하지 못하니 나라의 치욕이 끝이 없으므로 신은 애통한 눈물을 견디지 못하였습니다. 영천과 신녕 일로에 복병을 베풀어 차단할 계책을 세우고 병사를 소집하려고 해도 온 지역이 텅 비어 달리 계책을 펼 길이 없었습니다. 그래서 아우 응전과 응평, 노복 4~5명, 보인保人 이온수 등 약간의 인원을 거느리고 매복하여 살피게 하였습니다.

② 1592년(선조 25, 47세) 5월

6일, 왕래하는 왜적과 신녕에 주둔한 왜적이 부지기수로 현 동쪽 한천 등에 출현하여 분탕하고 도적질하기에 신은 용기를 돋우어 돌진하여 사살하였습니다. 제법 많은 왜적이 여기저기 병기를 끌고 달아나 무너지므로 단지 2급만 베었습니다. 영천 백성과 아전 등 읍내에 거주하던 200여 명이 무리를 지어 도적질하였습니다. 낮에는 왜적과 교통하고 밤에는 촌가에서 도적질하면서 사람을 살육하기를 날마다 일삼으니 지극히 한심스럽게 여겨졌습니다. 왜적을 체포한 뒤에는 이 토적들 또한 우리에게 잡힐까 두려워하여 신을 죽일 계획을 먼저 하였습니다. 이날 사시巳時에는 토적 무리 50여 명이 찾아왔지만 관노 희손 등 2명을 사살하자 그 나머지는 어디론가 흩어져 잡지는 못하였습니다. 경내의 장인과 사냥꾼 등을 소집하여 영천 지림원迭林院(영천시 화남면 지림원祉林院)의 대로 옆에 복병을 배치하고 위아래 적과 싸우지 않는 날이 없었습니다. 18일, 왜적 5급을 베고 27일, 왜적 10급을 벤 뒤로 토적들은 더욱 곤궁하게 되었는데 20여 명을 잡아서 다 죽이자 이로부터는 한 사람도 몰래 일어나지 않고 마침내 흔적 없이 사라졌습니다. 영천군 의병장 정대임과 계속 교통하면서 병사를 모으자 영천 북면北面의 군인 100여 명이 기약하지도 않았는데 모였습니다. 정대임이 거느리고 온 이 100여 명의 군인을 모처에 임무를 주어 맡겨 두고는 인하여 모은 군사를 날마다 매복시켰습니다.

③ 1592년(선조 25, 47세) 6월

22일, 우도에서 좌도로 넘어온 경상좌도 병사 박진이 군관을 거느리고 청송과 진보 등을 왕래하면서 숨어 있던 장정을 불러 모아 결집한 후 안동과 예안 등에 주둔해 있던 적을 섬멸할 계획을 세웠습니다. 그런데 고을 수령들의 구원이 없었고 사방에 흩어진 군사를 모으기도 쉽지 않았으므로 신녕 지역에 복병을 풀어 막은 것도 지휘하여 돌려보냈습니다.

④ 1592년(선조 25, 47세) 7월

9일, 곧바로 신녕으로 돌아가서 군사를 모아 영천 지림원 대로변과 신녕 및 군위 지역의 경계인 여음동餘音洞(영천시 신녕면 부산리)의 요해처에 군사를 나누고 복병장을 정하여 매복시켰습니다. 14일, 어사라고 칭하는 왜적 100여 명이 군위로부터 내려왔는데 여음동의 복병장 정응거와 허운련許運連이 합심하여 과감하게 추격하였습니다. 신녕과 지림원을 지나서 접전하였는데 혹 활을 쏘고 혹 총을 쏘아 영천 10리 안에서 왜적 30급을 베고 왜적의 총통 25자루, 장검과 장창 40여 자루, 왜장이 타던 말과 기타 잡물雜物을 노획하였습니다. 22일, 왜적 300여 명이 또 영천으로부터 올라와서 지림원에서 시작하여 끝에부터 공격하고는 신녕을 지나 군위 소계역召溪驛(군위군 효령면 화계리)에 이르러 다수를 사살하여 죽은 자가 30여 명이었는데 적이 모두를 이끌고 가버렸습니다. 이윽고 날이 저물어 베지 못하고 다만 말 4필만 빼앗고 물러나 돌아오자 그 때문에 강개함이 잇달아 일어났습니다. 영천 복병장 정대임, 하양 의병장 신해, 의흥 복병장 홍천뢰, 경주 임내任內와 자인 복병장 등이 있는 곳에 군사가 모여들었습니다. 26일, 영천성에 주둔한 왜적을 공격하려고 곧바로 나아가서 성을 포위하자 왜적 기병과 보병 등이 동문과 북문으로 많이 나와서 아군과 충돌하여 싸우기도 하고 물러나기도 하였습니다. 이때 영천 군수 김윤국도 또한 본가로부터 와서 힘을 합해 전투를 도왔습니다. 신은 단기로 치달려 들어가 다수를 쏘아 맞히니 말에서 떨어지고 뒤집혀 넘어져서 죽은 자가 부지기수였는데 적은 몹시 놀라 도로 성으로 들어갔습니다. 그때 성 밑으로 돌진하여 10여 명의 머리를 베고 성안으로 달려서 들어가자 인가는 모두 불에 탔으므로 왜적은 남아 있는 관사 건물에 모여서 주둔하였습니다. 전투가 한창 진행되는 중에 날이 저물어서 병사를 거느리고 진영으로 돌아와 휴식하게 하고, 다음날 여명에 다시 습격하여 성을 함락시키기로 더욱 엄하게 약속하였습니다. 27일,

> 여러 군사가 크게 함성을 지르며 돌입하자 적은 힘이 소진하여 어떤 자는 지붕으로 올라가고 어떤 자는 관사에 매복하였는데 부딪치는 불빛과 나는 화살이 비가 내리듯 하였습니다. 적이 의지할 바를 알지 못하여 병기를 버리고 방황하며 조치할 바를 잃어버릴 때 우리 군대가 승세를 타고 북을 울리며 전진하여 300여 급을 베었습니다. 적이 도망하여 창고로 들어가서 불에 타 죽은 자 또한 그 수를 헤아릴 수 없었으며 두 명만이 겨우 살아서 달아났습니다. 전후에 적의 목을 벤 것과 빼앗은 병기와 총통과 잡물 등은 병사 박진의 진영에 실어 보냈습니다. 이에 대해서는 일찍이 장계를 올려 아뢰었거니와, 군위와 비안에 상주하던 적들도 영천의 대첩에서 조치한 기이함을 듣고는 수삼일 내에 전부 도망하여 물러났으며, 길을 따라 오르내리던 적들도 절대로 왕래하지 않습니다.

『백운재충의공실기』 권2 「계」에서 기록한 영천성 수복 전투에 대한 권응수의 언급을 토대로 하고, 여기에 영천성 수복 전투의 주역인 '창의정용군'에 찬획종사로 참여한 정담의 「영천복성기永川復城記」의 기록을 합하여 본다면, 그간 논란이 많았던 영천성 수복 전투의 모습을 대략 그려 볼 수 있을 것이다. 정담의 「영천복성기」는 『백운재충의공실기』 권2 부록附錄의 첫 작품으로 수록되어 있다. 영천성 수복 전투에 집중한 기록으로, 그 수복 전투가 있었던 7월은 일자별로 전투의 진행 상황을 상세하게 기록하고 있다. 이 점을 고려하여 따라 읽기 쉽도록 7월 이전 4~6월은 한 부분으로 묶어서 먼저 든 다음, 그 뒤 이어서 7월 부분은 일자별로 하나하나 나누어 들어 보기로 하겠다.

공성 전투 모습, 「평양성 탈환도」(국립진주박물관 제공)

① 1592년(선조 25, 47세) 4~6월

4월에 왜구가 동래성을 함락시키고 동래 부사 송상현宋象賢과 부산 첨사 정발鄭撥을 죽였다. 적이 곧바로 기장과 울산으로 향하니, 경상좌도 병사 이각李珏은 성을 버리고 달아났다. 적은 승세를 타고 장구하여 연이어 경주를 함락시키고 진격하여 영천성에 웅거하였다. 당시 영천에는 수령이 없어진지 오래되어 어느 한 사람도 적을 막을 자가 없었다. 적은 영천이 경상도의 중심이고 도로의 거리가 기각의 형세이므로 매우 편리하게 생각하고 드디어 수만 병사를 주둔시켰다. 영천성에서 다른 지역과 통하는 도로는 세 개가 있었다. 한 도로는 신녕 고현古縣(영천시 화북면)에서부터 의흥·의성·안동·예천으로 이어져 적이 서로 호응했으며, 한 도로는 곧바로 지림원의 대로로 올라가서 신녕을 지나 군위 소계역과 군위·비안·상주로 이어져 적이 서로 호응했으며, 한 도로는 당현唐峴(영천시 금호읍 원제리 땀고개)을 넘어서 하양·대구·성주로 이어졌다. 주둔한 적이 서로 통하여 사방에 병사를 풀어놓아 주현을 겁탈하니 경상좌도 6백 리 땅이 거의 도륙을 당해 모두 적의 소굴이 되었다. 권응수 공은 충분忠憤이 격렬해지고 강개함이 그치지 않아서 향병 약간 명을 모집하여 5월 초에 대동에서 적을 격파하고 또 한천에서 적을 맞아 크게 격파하여 의성으로 가는 길을 끊었다. 6월에 경상좌도 병사 박진의 부름을 받고 진보로 갔다.

② 1592년(선조 25, 47세) 7월

㉠ 14일 이전

진보에서 돌아와서 다시 병사들을 모아 스스로 영천성을 공격할 계획을 세웠다. 14일에는 군위에서 내려오는 적과 박연에서 싸워서 격파하였다.

㉡ 22일

영천 지림원의 적을 군위 소계역까지 추격하여 격파하여 군위로 가는 길을 끊었다. 이로부터는 적의 기세가 돌연 꺾여 사람들의 마음이 조금 강해져서 적을 공격하는 것이 옳음을 알고 공에게 와서 소속되는 이들이 매우 많았다. 정대임 등과 함께 의논하여 말하기를 "적이 영천에 웅거하여 스스로 견고하게 여기니, 급히 공격하여 무너뜨리자."라고 하고는 막하에 모집한 병사들을 여러 고을에 나누어 파견하였다. 신해는 하양으로 달려갔고, 홍천뢰는 의흥으로 달려갔다. 청송은 전란의 화를 입지 않았기 때문에 따로 조종악趙宗岳과 이경천李擎天을 보내 안덕현安德縣의 사민士民들을 권면하여 병사를 내고 곡식을 모았다. 공은 스스로 보병과 기병 천여 명을 거느리고 나가서 신녕 고현 사천에 진을 쳤는데, 생원 최인제崔仁濟와 전삼익全三益 형제가 먼저 도착하여 기다리고 있었다. 이날 정오에 왜적 수백 명이 하양으로 향했는데, 공은 최문병과 함께 추격하여 대구로 가는 길을 끊으니, 이로부터 적은 감히 나오지 못하였다. 이날 저녁에 전 현감 권황權滉이 의성으로부터 왔는데, 바로 공의 옛 벗으로 막하에 머무르면서 함께 군사의 일을 의논하였다.

㉢ 23일

아침에 하양에서 병사들이 이르자 공은 와촌으로 진군하여 군기軍器를 수리하고 사졸을 훈련하였다. 용맹하고 건장한 사람을 선발하여 군의 서쪽 봉우리에 올라가서 적중賊衆의 다과를 살피게 하니, 적의 진영이 성 밖에서 말을 달리기도 하고 곳곳에 벌처럼 주둔하고 개미처럼 모여 있어 그 수를 알 수 없었다. 이때 영천 의병장 정대임이 향병 100여 인을 거느리고 군의 북면에서 왔다. 영천 군수 김윤국 또한 본가에서 급히 말을 몰고 와서 함께 모였다. 날이 저물 무렵 청송과 의흥 등지의 병사들이 모두 와서 모였는데 총 3,560명이었다. 세 부대로 나누어 신해를 좌총으로, 최문병을 우총으로, 정대임을 중총으로 삼고, 홍천뢰를 전봉장으로 삼고, 김윤국을 추대하여 의병대장으로 삼았다. 그러자 김윤국이 고사하며 말하기를 "초유사 김성일 공이 이미 공을 의병대장으로 삼았으므로 그 명을 어길 수 없소. 또한 여러 군사가 공에게 소속되기를 원하니 용렬한 제게 미루어야 하겠소?"라고 하였다. 그래서 김윤국을 별장으로 삼고 정세아와 정담을 찬획종사로 삼고는 깃발에는 '창의정용군'이라고 써서 높이 들었다.

㉣ 24일

여명에 기고旗鼓를 설치하고 당상에는 치장하고 자리에 나아가니 위엄이 엄연하였다. 모든 병사가 일제히 소리를 지르며 이분이 진짜 장군이라고 일컬었다. 여러 장수로 하여금 차례대로 나와 알현하게 하고는 명을 내리기를 "지금 행조行朝가 아득히 서쪽 변경(의주)에 있으니 정령이 통하지 않는다. 이때를 당하여 군율을 엄하게 갖추지 않을 수 없다. 지난날 적을 토벌하던 때 비록 명을 어겼거나 법도를 잃었던 자들이라도 그 일이 처음 있었으므로 일단 그 허물을 용서하겠다. 지금 이 성에 웅거하는 적은 그 수가 매우 많고 그 뿌리가 이미 깊으니 우리 의병으로 만일 전례를 따른다면

나는 대사가 이루어지지 못할까 근심스럽다. 오직 우리 장졸들은 함께 약속하여 맹세하자."라고 하였다. 그리고는 명령을 내리기를 "두려워 어지럽게 말하는 자는 참수하고, 적을 보고 다섯 걸음 물러나는 자는 참수하고, 마음대로 행동하는 자는 참수하고, 장군의 명을 따르지 않는 자는 참수하고, 전투에 임하여 대오를 잃는 자는 참수한다."라고 하였다. 장졸들이 모두 응하여 이르기를 "군중에서 장군의 명령을 듣는 자들은 어찌 감히 어김이 있겠습니까. 마땅히 약속대로 하겠습니다."라고 하였다. 또 여러 장수에게 이르기를 "병사는 정예에 힘쓰고 다수에 힘쓰지 않는다. 우리 군중軍衆이 비록 수는 적지만 죽을 마음이 있고 적병이 비록 많아도 마음이 몹시 교만하니 나는 그들이 반드시 패할 줄 안다. 다만 웅거한 것이 성지城池이고 뒤로는 구릉을 등지고 앞으로는 천야川野에 임해 있으니 굳이 옛 방식을 고집할 건 없다. 여러 날 병사를 풀어놓아 적의 마음이 태만함을 살펴서 바람을 타고 화공을 하는 게 좋을 것이다."라고 하였다. 김윤국이 말하기를 "성의 서북쪽이 높고 험준하니 이때 서풍이 크게 불지는 않을 것입니다."라고 하였다. 공이 말하기를 "우러러 천상天象을 살피니 이달 27일 진시辰時에 마땅히 동남풍이 있을 것이다."라고 하였다. 권황이 웃으며 말하기를 "과연 그렇겠습니까? 옛날의 이른바 이 일자는 위왕규魏王珪가 중산中山을 무너뜨린 날입니다."라고 하였다. 이때 경상좌도 병사 박진이 안강에서 공이 적을 친다는 소식을 듣고 군관 변응규邊應奎를 보내 공에게 치사하면서 면려하고 또 군기와 화약 등을 보냈다. 이날 진시에 군용을 정돈하고 영천성 앞에 나아가 주둔하니 적 수백 명이 남천南川, 금호강에서 말을 씻기다가 아군이 오는 걸 보고 달아나 성으로 돌아갔는데 성안의 적은 성루에 올라가 바라보았다. 공은 군진을 추평(주남들)에 펼치고 창의정용군의 깃발을 높이 세우고 짚을 가져와서 허수아비를 만들어 궁시弓矢를 잡게 하고 진영 앞의 군인들 사이에 나열해 세웠다. 아우 응평에게 기사騎士 500인을 거느리고 적이 바라보는 곳으로 돌진하게 하고는 병사를 보내 나무를 잘라서 진영 밖에 울타리를 세우게 하고 별도로 군사를 보내 높은 봉우리에 올라가서 다른 적진에서 원병이 오는지 살피게 하였다.

㉤ 25일

4경 후에 달빛이 대낮과 같았는데 공은 아우 응평과 함께 몰래 가서 성 밖 버드나무 위에 뛰어올라 성안을 굽어보니 사로잡힌 남녀가 매우 많았다. 적의 무리가 밖으로 둘러서서 마음대로 움직이지 못하게 하였는데 마치 근심스럽게 우는 듯한 사람에게 문득 칼등으로 때리니 흐르는 피가 참혹하고 가련하여 차마 볼 수 없었다. 적은 때때로 칼을 번뜩이기도 하고 혹은 부채를 휘두르기도 하고 혹은 다리를 차기도 하여 그 모양이 심히 괴이하였다. 공이 편전을 쏘아 한 화살에 세 사람을 관통시키니 적들이 놀라 소요하여 불을 밝혀 화살이 날아온 곳으로 총을 쏘았다. 공은 좌우의 나뭇가지로 종횡으로 넘나다녔는데 빠르기가 나는 번개와 같았으니 적의 탄환이 맞추지 못하였다. 공이 쉴 새 없이 화살을 쏘아 맞혀 죽인 자가 자못 많았으나 적들은 끝내 공이 있는 곳을 알지 못하고 모두 신인神人으로 여기며 성안이 떠들썩하였는데 동쪽 하늘이 조금 밝아지자 이에 돌아왔다. 여명에 또 장사 400여 명을 선발하여 천변의 수풀 속에 매복시켜 물을 긷기 위해 오는 왜인을 계속 쫓아 버렸다. 적들은 이 때문에 물을 마실 수 없어서 단지 건량만 먹으니 날마다 더욱 피곤하였다. 또 병사 1,000여 명을 보내 마른 섶과 건초를 가져와 성 밖에 수북이 쌓아 두고 화구를 준비하게 하였는데 습기가 있으면 태우기 어려울 것을 염려하여 종이로 화약을 싸고 질려포를 그 안에 갈무리해 두었다. 산야의 큰 나무와 긴 대나무를 베어 진중으로 실어와 성곽을 넘을 긴 사다리와 조총을 막을 방패를 많이 만들고 또 백병전에 필요한 네모난 몽둥이도 많이 만들었다. 또 인가의 지붕 이엉과 빈 섶과 멍석 등을 거두어 와서 후일 사용하게 하였다. 이때 경주 사람 권사악權士諤·손시孫時·최진립崔震立 등이 정병 수백 명을 얻어 안강에서 와서 우항愚巷(영천시 임고면 우항리)의 뒷산에 올라 피리를 불었다. 아군 또한 피리를 불어서 대응하고 드디어 병사를 합하여 나아가 천변에 이르렀는데 성과의 거리가 수백 걸음쯤 되었다. 쳐들어가서 병기를 번쩍이며 작은 북을 울리고 피리를 불었다. 장수 차림의 왜적 2명이 금관을 쓰고 흑단의黑段衣를 입고 명원루明遠樓 위에 나와서 부채를 흔들고 앉았는데 사로잡힌 여인들이 좌우로 나열해서 시중을 들고 있었다. 이윽고 적병 1,000여 명이 성 머리에 열 지어 서서 일제히 총을 쏘자 마치 울리는 우레와 번개 같았다. 성안의 여러 왜적이 일시에 크게 함성을 질렀는데 소리가 산하를 뒤흔들었다. 또 우리말로 공갈하여 이르기를 "너희들은 어떤 사람이기에 며칠 동안 싸우지 않느냐? 한양이 이미 함락되고 팔도가 무너졌는데 너희가 어찌 약간의 군졸로 감히 우리를 당하겠느냐? 항복하여 너희의 목숨을 보전하는 게 나을 것이다. 그렇지 않으면 내일 아침에 너희 장수의 머리를 휘하에 바치는 게 좋을 것이다."라고 하였다. 홍천뢰는 씩씩한 기상이 있는 사람이었으므로 분노를 이기지 못하여 그들과 싸움을 걸려고 하자 공이 말하기를 "병법에는 군병을 가볍게 발함을 꺼리니 삼가 함부로 움직이지 말라."라고 하고는 병사들에게 명하여 진영을 일자로 정돈하고 조금도 동요하지 못하게 하였다. 이때 호남에서 유랑 온 악공들이 진중에 많이 있었는데 공은 그들에게 호루라기와 피리를 불어 한가함을 보이게 하였다. 적들이 바라보고는 크게 비웃으며 더욱 태만하였다. 이에 공은 말을 몰아 나아가서 흑단의를 입은 장수 차림의 왜적을 쏘아 거꾸러뜨리니 성에 오르던 적들이 바로 달아나 성 안으로 들어갔다. 신시申時에 이르러 적은 우리 군대를 향해 대포를 쏘았는데 탄환이 사기 주발과 같았으며 아군이 탄환을 맞아 3명이 죽었다. 어두워진 뒤에 적이 횃불을 열 지어 세우고 왕래하였는데 서로 모의하는 모습이 보였다. 적에게 사로잡혔던 경주 불국사 승려 한 사람이 성에서 밧줄을 타고 내려왔다. 공이 불러 적의 정세를 묻자 말하기를 "적이 아마 내일 힘을 모아 우리 군을 공격하여 괴멸시키려 하기에 죽음을 무릅쓰고 도망쳐 왔습니다."라고 하였다. 이날 밤 2경에 병사들에게 긴 대나무를 엮어서 큰 자리를 만들게 하고, 또 동쪽 성 밖에는 목책을 몰래 세웠는데 안에는 판목을 받친 다음 그 안에 흙을 많이 쌓아 언덕처럼 만들어 성과 평평하게 하여 화살을 쏘고 총탄을 피하는 곳으로 삼았다.

ⓗ 26일

인시寅時에 군사들에게 음식을 먹이고 곧바로 죽음을 불사할 자 500명을 선발하여 아우 응평 및 이온수와 홍천뢰에게 거느리게 하여 선봉을 삼고는 세 번 피리를 불고 북을 친 뒤에 공은 여러 장수와 함께 대군을 거느리고 북을 치며 행진하여 성 아래 이르렀다. 적들이 성 위에 늘어서서 총을 쏘며 부르짖고 떠들었는데 공은 흙으로 쌓은 언덕 위에 올라가서 창의정용군의 깃발을 세우고 포를 쏘라는 명령을 내리고는, 여러 군사에게 긴 사다리와 방패를 가지고 성에 다다라서 넘어 들어가는 모습을 보이게 하였다. 장수 차림의 왜인 셋이 은빛 투구와 금빛 가면을 쓰고 면포를 입고 성문 위에 솔발처럼 나란히 앉아서 부채를 흔들며 적들을 독려하면서 성문을 열고 병사를 내보내어 아군을 맞이하여 싸우게 하였다. 아마 우리 병사가 적은 걸 보고는 짓밟아 버리려고 한 듯하였다. 공이 선발한 500명이 달려가서 그 중군中軍을 무찌르는데 응평이 칼을 휘두르며 나아가자 그 칼에 맞아 상처를 입은 적들이 많았고 연달아 적 7급을 베었다. 이온수 또한 말을 달려 나갔으나 말이 넘어져 일어나지 못하자 적이 그를 사로잡았다. 응평이 말을 달려 적을 꾸짖자 적이 물러났는데 이온수는 그 틈에 몸을 빼서 말에 올라 또한 2급을 베었다. 공은 활을 잘 쏘는 병사들을 흙으로 쌓은 언덕 위에 세우고 활을 쏘아 문득 적중시키고 또 맞추면 반드시 여러 명을 맞추니, 적이 크게 두려워하여 감히 앞으로 다가오지 못하였다. 이윽고 말을 탄 적 10여 명이 성안에서 함께 소리를 지르며 총을 쏘자 우리 군대가 조금 물러났다. 공은 몸을 떨치고 크게 부르짖으며 친히 깃발을 휘두르고 말을 채찍질해 종횡으로 치달으며 활을 당겼는데 다른 사람이 한 발을 쏠 때 공은 세 발을 쏘니 화살이 물이 쏟아지듯 하였다. 사살한 적이 수십 명에 이르렀는데 적들이 활시위에 닿기만 하면 문득 거꾸러졌다. 용감하고 건장한 군사들에게 적의 시신을 가져와서 배를 갈라 간을 꺼내거나 혹은 머리를 자르고 얼굴을 베어서 적중에 던지게 하였는데 적들이 그것을 보고 깜짝 놀라서 크게 동요하여 어찌할 바를 몰라 서로 짓밟고 하면서 소란이 일어나 시신이 삼밭과 같았다. 아군이 승세를 타고 용맹을 떨치니 그 칼날을 감당하지 못하였는데 사람마다 격살한 적이 많게는 수십 명에 이르고 적게는 십여 명을 내려가지 않았다. 적이 패주하여 성에 들어가니 장수 차림의 왜적이 그 병사가 패함을 보고 스스로 성 아래로 투신하였다. 정대임이 나아가 목을 베었는데 그는 바로 적의 명장 법화法化였다. 이때 이미 날이 어두워졌으므로 군사를 멈추게 하여 북을 울리고 피리를 불며 진영으로 돌아왔다. 이날 밤에 사람을 보내 또 넓은 사다리를 만들게 하였는데 나무를 엮은 것을 매우 조밀하게 하고 넓이를 한 칸쯤 되게 하였으며 멍석으로 줄지어 이어 붙여 내일 성을 넘을 도구로 삼고자 하였다.

㉦ 27일

새벽에 병사들을 배불리 먹이고 곧바로 성 아래에 이르자 적은 전날처럼 치첩雉堞에 늘어서 있지 않고 간간이 척후하는 왜병만 있었다. 혹 찢어진 옷으로 머리를 싸맨 자, 혹 흐르는 피가 얼굴에 묻은 자, 혹 눈과 이마를 상한 자, 혹 피로 물든 옷을 입은 자들이 상처 때문에 고통스러워하는 소리가 성 밖까지 들렸다. 공은 1,000여 명의 병사를 뽑아서 각각 사각 몽둥이와 창검을 가지고 성 밖 네 모퉁이를 지키며 성을 넘어오는 적을 베도록 하고 여러 병사를 독려하여 성을 넘게 하였다. 그때 적의 세력이 아직도 강성하여 먼저 성에 들어가는 것이 이롭지 못하였는데 공의 아우 응전 또한 가볍게 들어가지 말 것을 간언하였다. 공은 화가 나서 그 앞에서 나아가지 않은 자 몇 사람을 잡아서 바로 목을 베고 조리돌리니 사람마다 공의 위엄을 두려워하여 용기를 내어 다투어 들어갔다. 공은 병사를 나누어 한편으로는 성문을 공격하여 부수게 하고 한편으로는 넓은 사다리로 오르게 하고 한편으로는 성이 무너진 곳을 넘어서 들어가게 하였다. 수천의 병사가 일시에 북을 치고 함성을 지르며 들어가니 소리가 천지에 진동하였다. 먼저 성루에 있던 적 10여 급을 베니 아군의 병위兵威는 더욱 용맹스러웠으며 굳건한 기세가 마치 달리는 고래와 같았고 성난 호랑이와 같았다. 계속 내달려 들어가 객사 문밖에 이르니 적병 가운데 숨어 있던 자들이 사방에서 일어나자 적과 더불어 길에서 싸웠는데 나는 화살이 비가 내리듯 하였다. 이때 바람이 과연 동남쪽에서 크게 일어나 총의 화약이 가볍게 흩어지자 적이 능히 총을 쏘지 못하고 단지 총통으로 서로 후려칠 따름이었다. 아군이 나아가서 300여 급을 베자 적이 크게 패하여 돌아갈 곳을 알지 못하였으며 병기를 버리고 객사와 관아와 창고로 달려가 숨기도 하고 혹 명원루에 올라가기도 하였다. 공은 이온수에게 명령을 내려 큰 소리로 외쳐 말하기를 "사로잡힌 사람들을 빨리 나오게 하라. 나는 지금 화공을 할 것이다."라고 하였다. 이에 사로잡힌 남녀가 앞을 다투어 나왔는데 적은 기세가 갑자기 꺾여 막지 못하였다. 장건한 왜적 10여 명이 크게 소리 지르며 지붕 위로 뛰어 올라가서 기와 조각을 아군을 향해 던지고 또 총을 쏘는데 아군 가운데 맞은 자가 또한 3인이었다. 병사들이 일시에 불을 놓자 불기운이 바람에 맹렬하였는데 성 밖에 섶을 쌓아 놓은 불이 열기를 성안으로 뻗치니 순식간에 불꽃이 하늘에 치솟고 화약과 질려포가 곳곳에서 폭발하였다. 적들은 당황하여 불타는 숲속의 새와 같았는데 남쪽 성의 적들은 물에 뛰어들어 물이 흐르지 못하였고 서북쪽의 적들은 성을 뛰어넘어 달아나려고 하였다. 아군이 서로 다투어 공격하니 불에서 나온 자는 몽둥이에 맞아 죽었으며 불에 타서 죽은 자는 그 수를 헤아릴 수 없었다. 이보다 앞서 적이 화약을 관아에 많이 보관하였는데 이때 그 화약에 부딪히며 폭발하자 곧바로 구름과 하늘 사이로 올라갔다가 흩어져 천변과 산야에 떨어지는 자가 마치 가을바람에 떨어지는 낙엽과 같았다. 불이 활활 타오르자 화약을 장전한 총탄이 저절로 튀어나와 아군 또한 상처를 입거나 죽은 자가 있었다. 시간이 지난 후에 두 곳의 적 가운데 물이 깊은 곳에 뛰어든 자는 반드시 죽었을 것이라 여기고 그냥 두었는데, 그는 몰래 물속에서 무릎으로 걸어가서 한참 뒤에야 천변을 넘어 언덕에 올라가서 달아났다. 응평이 칼을 뽑아 추격하였으나 미치지 못하고 돌아왔는데 이처럼 탈출하여 산 자가 겨우 두어 사람이었다. 불기운이 밤새도록 끊이지 않아 비린내가 10여 리까지 났으며 불에 탄 유골이 곳곳에 흩어져 구덩이를 가득 메웠다.

◎ 28일

아침에 병사들에게 잔치를 베풀고 풍악을 울리며 검열하니 아군은 사망자가 83명이고 부상자가 238명이었으며, 적에게 노획한 물품은 건장한 말 200필, 총통과 창검이 모두 900여 자루, 안장과 비단 또한 많았다. 또 적에게 사로잡혔다가 아군으로 돌아온 자가 남녀 모두 1,090여 명이었다. 그들에게 성명과 거주지를 묻고 굶주린 자는 먹여 주고 상처 난 자는 약을 주어 각각 고향으로 돌려보냈다. 그들이 떠날 때 모두 열 지어 서서 절하며 사례하기를 "뜻하지 않게 오늘 이렇게 살려 주셨으니 뼛속 깊이 사무치는 은혜입니다. 우리를 낳은 사람은 부모이고 우리를 살린 사람은 장군이므로 장군의 은덕은 우리 부모와 같은지라 그 은혜에 보답하려고 해도 하늘처럼 끝이 없습니다."라고 하였다. 그때 경상좌도 병사 박진이 경주 즉장에 있었는데 공은 정응거를 파견하여 승전한 소식을 알리고 적에게서 노획한 물품을 보냈다. 이날 밤중에 박진에게 이르렀는데 곧바로 촛불을 밝히고 앉아서 영천성을 공격할 때의 절도節度와 방략方略을 자세히 묻고는, 기뻐하고 훌륭하게 여기면서 말하기를 "이로부터 경상좌도의 백성들은 거의 소생할 희망이 있겠구려."라고 하였다. 즉시 원근에 격문을 전하여 백성들을 위로하도록 명하고 공이 전후에 적을 토벌하고 성을 수복하여 대첩을 세운 공적을 크게 칭찬한 내용의 장계를 행조에 올렸다.

㉫ 29일

경상좌도 병사 박진이 말을 달려와서 공이 군진을 친 곳과 적을 토벌한 방략을 순시하고는 대단히 훌륭하게 여기며 말하기를 "비록 옛 명장 한신韓信과 팽월彭越, 제갈량諸葛亮이라도 어찌 이보다 더할 수 있겠는가. 지금 공의 큰 승전과 빼어난 공적을 보니, 마치 나는 공을 세운 게 없는 것 같아서 몹시 부끄럽소."라고 하고는, 이로 말미암아 공과 함께 경주에 주둔한 적을 치러 갔다. 이 뒤로는 공의 장수로서 명성이 크게 떨쳐 군위·비안·의성·안동·예천 등지의 적이 모두 경상우도로 달아나서 감히 가까이 오지 못하였다. 경상좌도의 30여 개 고을이 도탄의 화를 면할 수 있었던 것은 모두 공이 영천성을 수복한 공로 덕분이었다.

영천성을 수복함에 따라 왜군은 경주·영천·안동을 잇는 보급로가 차단되어 안동 이하 경상좌도에 주둔하던 왜군들은 상주로 철수하였으며, 영천의 왜군은 경주로 후퇴하여 경상좌도가 보전됨으로써 임진왜란 전장의 국면을 전환하는 계기를 열었다. 영천성 수복 전투에 참여하여 공훈을 세운 의병장들은 그에 맞는 논공행상이 이루어졌다. 권응수는 이때의 공훈으로 절충장군에 오르고 경상좌도 병마우후에 제수되었다. 그리고 전란이 끝난 뒤 1604년(선조 36, 59세) 6월 25일에는 이때 영천성을 수복한 공으로 선무공신 2등 제2위 전체 5위에 책록되고 화산군花山君에 봉해졌다.

영천성의 수복은 이처럼 큰 전공이었기 때문에, 권응수의 사후에 그의 죽음을 애도하는 제문祭文과 만사挽詞, 그의 일생 행적을 기리는 행장行狀·시장諡狀·묘표墓表·신도비명神道碑銘·묘갈명墓碣銘 등 장갈비지狀碣碑誌, 실기實紀의 서문序文, 화상찬畵像贊·영천복성비명永川復城碑銘·전傳에 이르기까지 온통 영천성 수복 전투와 그때의 활약상이 중심 테마가 되어 있고, 그 내용도 큰 차이 없이 대략 서로 비슷하다.

여기서는 그중 병계屛溪 윤봉구尹鳳九(1681–1767)의 묘갈명의 명銘을 한번 들어 보기로 하겠다. 윤봉구의 묘갈명은 『백운재충의공실기』 권3에는 「묘갈명」이란 제목으로 수록되어 있는데, 그의 문집 『병계집屛溪集』 권47에는 「선무공신 증 좌찬성 행 공조 판서 시 충의 권 공 신도비명宣武功臣贈左贊成行工曹判書諡忠毅權公神道碑銘」이란 제목으로 수록되어 있다.

①

신라 고려 명운이 바뀔 즈음에	麗羅運際
태사는 무위 떨쳐 창업 도왔지	太師鷹揚
공은 선조 그 자취 이어받아서	公緖其趾

태사묘 피리 울려 징조 알렸지　廟笛鳴徵

②

그 모습 훤칠하고　其貌頎頎
그 기상 넘쳤으며　其氣潑潑
그 마음 순순하고　其心恂恂
그 뜻은 우뚝했다오　其志屹屹

③

왜적 처음 침입했을 때　倭始大寇
나라가 어려워지자　國步窘猘
공은 초야에서 일어나서　公奮表薄
임금 위해 적개심을 품었지　爲敵王愾
척수로 의병을 모으자　隻手義募
죽음을 무릅쓴 선비 구름처럼 모였나니　死士雲附
정용이라 크게 씀에　大書精勇
그 무리가 삼 천이었네　三千其旅
영천성에서 북을 한 번 울려　一鼓永陽
우리 군대 무소처럼 성을 냄에　我師兕怒
기약한 듯 순풍이 불어와　便風如期
수만의 군사를 일거로 태웠다오　數萬一炬
의열이 우레처럼 퍼져 나가서　義烈雷行
적들은 소문에도 두려워했나니　諸賊聲畏
전투에 기병을 꺼리지 않음에　兵不忌奇
적의 대장 놀라 달아났네　大酋驚北
공이 진력하지 않았다면　靡公効力
아, 영남의 칠십 고을은　唉七十郡
한바탕 어육처럼 문드러짐을　一場魚爛
거의 면할 수 없었으리라　幾不能免
나는 소부할 이 있다 할 것이고　予有疏附

나는 어모할 이 있다 할 것이리라　予有禦侮
임금님 그 공적 살펴서　王敉乃績
절도사로 발탁하셨네　擢畀節度

④

산하 두고 맹세한 철권이오　山河鐵券
형마로 맺은 맹약이나니　刑馬血盟
작질 올라 봉군되고　進秩疏封
공신각에 형상이 남았다오　麟閣留形
이에 도총관이 되고　迺摠戎營
이에 한성 좌윤 되고　迺貳京府
이에 평안 병사 되고　迺帥西閫
이에 공조 판서 되셨네　迺判水部

⑤

단지 나는 원수를 제거할 뿐　只我除讎
총애를 차지함은 내 본디 마음 아니나니　居寵非心
내 좋아하는 것 있음을 어이하랴　奈我有好
연하에 고질 있었다오　烟霞癖深
병장기 내려놓고 영화를 하직하고　釋兵辭榮
운수 사이에 노닐었다오　雲水婆娑
공이 말하길 적을 제압하느라　公曰制敵
비록 간과를 일삼아　雖事干戈
나라 위해 죽을 마음으로　有死國心
이에 지용을 말했지만　乃言智勇
이 의리를 알고자 하면　要知是義
학문보다 더 큰 것이 없다오　莫大學用
이에 유궁을 지어　築斯儒宮
이에 배우고 이에 가르치니　是學是敎
이를 버리고 무엇을 근본하랴　捨此奚本

이것은 공이 요체를 안 것이라오 寔公知要

⑥

『시경』에서 말한 씩씩함을 詩稱赳赳

공만큼 갖춘 이 어디 있으랴 曷如公備

무인이면서 문을 갖추었으니 武而且文

손오와 비교할 게 아니라오 非孫吳比

⑦

힘겹게 수레 타고 국상에 달려갔다가 輿憊赴哀

상여로 고향길을 되돌아왔다오 輀返故道

동맹한 공신인 영상이 同盟上相

왕명으로 문상하였네 王命臨弔

장례를 예장으로 지내게 하니 禮賜葬祭

무덤이 우뚝하게 솟았다오 冢起崇崇

나는 명을 지어 후세에 알리노니 我銘詔後

충의로 공을 명한다오 忠義銘公

– 윤봉구, 『병계집』 권47,

「선무공신 증 좌찬성 행 공조 판서 시 충의 권 공 신도비명」

윤봉구는 이 명에서 영천성 수복 전투와 그때의 활약상을 중심 테마로 하여 권응수의 일생 행적과 세운 공훈을 ① 시조의 영령과 감응한 출생, ② 빼어난 의용과 고상한 심회, ③ 근왕의 창의와 영천성 수복, ④ 선무공신 책록과 정경의 벼슬, ⑤ 세상 영화 뜬구름에 부치고 찾아간 학문의 길, ⑥ 문무겸전의 전란 영웅이자 학덕 높은 유현儒賢, ⑦ 선조 대왕의 국상에 달려갔다 맞이한 죽음과 빛나는 충의의 일곱 단락으로 나누어 균형 있게 그려내고 있다.

권응수는 영천성 수복 전투에 이어서 8월에는 장수들을 모아 계연에서 싸워 경주성을 수복하였다. 12월에는 경상좌도 병마조방장에 제수되고 1593년(선조 26, 48세) 2월에는 경상좌도 병사가 되었으며, 그 뒤에는 전란이 끝날 때까지 경상좌도 방어사 등으로 계속 경상도 여러 지역의 전쟁터에서 활약하였다.

4 선무공신의 의용이 공신각에 빛나다

1592년(선조 25, 47세) 4월에 시작되어 1598년(선조 31, 53세) 11월까지 7년간 계속된 오랜 전란이 끝난 뒤, 조정에서는 그간의 전란 동안 공훈을 세운 사람들에 대한 공신 책록 등 포상이 이루어졌다. 공신도감功臣都監이 설치되어 1603년(선조 36, 58세)에는 장계와 전문 등을 포함한 입수할 수 있는 자료를 모두 모아서 논의한 끝에, 1604년(선조 36, 59세) 6월 25일에는 호성공신扈聖功臣·선무공신宣武功臣·청난공신淸難功臣의 3종의 공신에 그 각각을 3등급으로 나누어 대대적으로 공신을 책록하였다.

호성공신은 전란 중 한양에서 의주까지 시종 어가御駕를 따른 86인을 공신에 책록한 것인데, 1등 2인은 충근정량갈성효절협력

忠勤貞亮竭誠效節協力이라는 호를 주고, 2등 31인은 충근정량효절협책忠勤貞亮効節協策이라는 호를 주고, 3등 53인은 충근정량忠勤貞亮이라는 호를 주었으며, 각각 관작을 내리고 군君으로 봉하였다. 전란 중 왜적을 친 장수와 명나라에 원병 파견 및 양곡 원조를 요청한 사신 등 18인을 공신에 책록한 것인데, 1등 3인은 효충장의적의협력效忠仗義迪毅協力이라는 호를 주고, 2등 5인은 효충장의협력效忠仗義協力이라는 호를 주고, 3등 10인은 효충장의效忠仗義라는 호를 주었으며, 각각 관작을 내리고 군으로 봉하였다. 청난공신은 전란 중에 일어난 이몽학李夢鶴(?~1596)의 반란을 평정한 5인을 공신에 책록한 것인데, 1등 1인은 분충출기합모적의奮忠出氣合謀迪毅라는 호를 주고 2등 2인은 분충출기적의奮忠出氣迪毅라는 호를 주고 3등 2인은 분충출기奮忠出氣라는 호를 주었으며, 각각 관작을 내리고 군으로 봉하였다.

이와 관련한 기사가 『선조실록』 175권 선조 37년(1604) 6월 25일 7번째 기사와 『선조수정실록』 38권 선조 37년(1604) 6월 25일 1번째 기사에 모두 보인다. 그중 기사 내용이 상세한 『선조실록』의 해당 기사 가운데 선무공신 관련 부분을 뽑아서 필요한 내용만 들어 보면 다음과 같다.

선무공신 1등: 이순신李舜臣, 권율權慄, 원균元均

선무공신 2등: 신점申點, 권응수權應銖, 김시민金時敏, 이정암李廷馣, 이억기李億祺

선무공신교서(국립진주박물관 제공)

선무공신 3등: 정기원鄭期遠, 권협權悏, 유사원柳思瑗, 고언백高彦伯, 이광악李光岳, 조경趙儆, 권준權俊, 이순신李純信, 기효근奇孝謹, 이운룡李雲龍

이 내용은 1604년(선조 37, 59세) 10월에 선조가 내린 「교서敎書」(『백운재충의공실기』 권4) 뒤에 '원훈십팔인위차元勳十八人位次'로 첨부되어 있다. 권응수는 선무공신 18인 중에서 2등 제2위 전체 제5위에 책훈되었다.

선무공신으로 1등 제1위는 임진왜란 3대 대첩 중 한산도대첩을 이룬 해전의 영웅 충무공忠武公 이순신李舜臣(1545–1598), 1등 제2위는 임진왜란 3대 대첩 중 행주대첩을 이루어 한양 탈환의 길을 열었던 명장 충장공忠莊公 권율權慄(1537–1599), 1등 제3위는 임진왜란 초기부터 해전에서 많은 공을 세운 원릉군原陵君 원균元均(1540–1597), 2등 제1위(전체 제4위)는 임진왜란이 발발했을 때 사은사로 연경에 있다가 제일 먼저 명나라 조정에 조선의 위급함을 알리

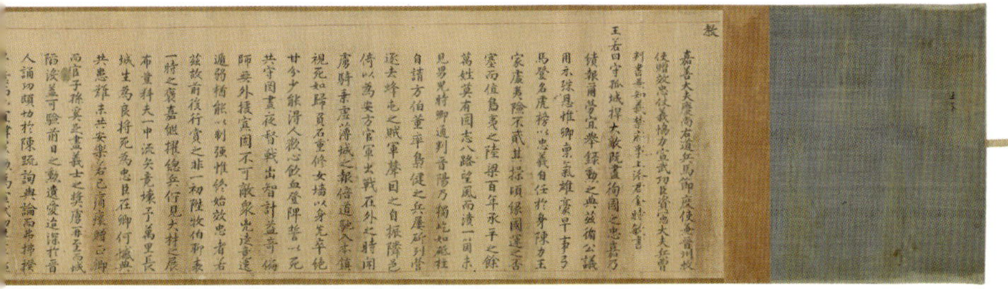

고 원병 파견과 양곡 원조를 요청한 충경공忠景公 신점申點(1530-1601)이다. 권응수가 신점에 이어 선무공신 2등 제2위 전체 제5위로 책록된 것이 그의 영천성 수복 전투 승리에 대한 보훈이었다는 사실을 염두에 둔다면, 영천성 수복 전투의 승리가 임진왜란 초기 전장의 국면을 전환하는 계기를 열었다는 국가의 공식적인 평가를 확인할 수 있으며, 동시에 당시 장수로서 그가 얼마나 큰 능력과 명성을 얻고 있었는지도 충분히 짐작해 볼 수 있다.

선무공신 2등 제2위 전체 5위에 책록된 권응수에게는 공신 책록 말고도 여러 가지 특전이 주어졌다. 그의 연보 해당 연도(『백운재충의공실기』 권1 「연보 갑진甲辰」)의 기사와 이해 10월에 내린 교서(『백운재충의공실』 권4 「교서」)의 내용을 가지고 들어 보면 이러하다.

> 이해 6월 25일에 효충장의협력 선무공신 제2등 제2위 전체 제5위에 책록되고 화산군花山君에 봉해진 뒤 『심경心經』과 『춘추좌씨전春秋左氏傳』을 하사받았다. 7월에는 자헌대부에 오른 뒤 임금의 부르는 명을 받고 조정으로

돌아가 오위도총부 도총관을 겸하였다. 9월 6일에 공신각功臣閣에 영정을 걸었다. 선조가 그 모습을 보고 경이롭게 여겨 말하기를 "권응수의 용자가 바로 이와 같은가?"라고 하고는, 즉시 불러서 좌우를 둘러보며 말하기를 "그림 속의 모습이 정말 이 사람이도다, 정말 이 사람이도다."라고 하였다. 10월에 교서를 내려 위로하였다. 그 교서의 내용에 따르면, 본인뿐 아니라 부모와 처자에게도 두 품계를 올려 주고, 자식이 없을 때는 조카나 사위에게 한 품계를 올려 주고, 적장자嫡長子는 공신호功臣號를 세습하여 녹봉을 잃지 않도록 하였다. 또 반당伴倘 6인, 노비奴婢 9인, 구사丘史 4인, 전지田地 80결, 은자銀子 7냥, 표리表裏 1벌, 내구마內廐馬 1필을 하사받았다. 그리고 이달 28일에는 공신들의 회맹제會盟祭에 참석하였다.

– 『백운재충의공실기』 권4, 「교서」

선조는 전란이 끝나고 4년 뒤인 1602년(선조 35, 57세) 9월에 부사직 겸 내금위장에 제수되어 사은하기 위해 올라온 권응수에게 11월에 훈련 도정을 겸하게 하고는 『소학小學』과 『대학大學』을 하사한 적이 있다. 그리고 1604년(선조 37, 59세) 6월 25일에 선무공신 2등 제2위 전체 제5위에 책록하고 화산군에 봉한 뒤 다시 『심경』과 『춘추좌씨전』을 하사하였다. 이것은 무장이지만 만년이 되어서도 학문에 뜻을 두고 있던 권응수의 속마음을 잘 살핀 배려 깊은 조처였을 것이다.

그리고 선무공신 책록 이후 9월 공신각에 권응수의 영정을 그려서 걸 때, 선조는 그의 영정 한 폭을 따로 더 그려서 하사하였다. 그것이 1980년 보물로 지정된 '권응수초상權應銖肖像'이다. 또한 선무공신에 대한 여러 특전을 기록한 교서가 바로 1980년 보물로 지정된 '권응수선무공신교서權應銖宣武功臣敎書'이다. 『백운재충의공실기』 권4에는 '원훈십팔인위차'를 끝에 첨부한 「교서」로 수록되어 있다. 10월 28일 공신들의 회맹제에 대한 자료는 현재 전하지 않는다.

선조는 이해 공신각에 걸린 권응수의 영정을 보고는 경이롭게 여겨 말하기를 "권응수의 용자가 바로 이와 같은가?"라고 하고는, 즉시 불러서 좌우를 둘러보며 말하기를 "그림 속의 모습이 정말 이 사람이도다, 정말 이 사람이도다."라고 감탄했다고 하였다. 이와 같은 감동은 후일 권응수의 영정을 보는 사람들에도 계속되었다. 그러한 사실은 이로부터 180여 년이 지난 1786년(정조 10)경에 번암樊巖 채제공蔡濟恭(1720~1799)이 지은 권응수의 화상찬畫像贊에 잘 드러나 있다.

아름다운 수염 시원한 미목	美鬚髯疏眉目
선조 임금 돌아보시고 정말 이 사람이도다 하셨다오	宣祖顧曰良是良是
오호라	嗟哉
빼어난 절의 떨쳐 큰 이름 세우신 분	奮奇節立大名者
어떤 모습인지 늘 알지 못하였네	每在不識何狀之地
나가서 의병 일으킴에	出而仗義
공적은 나라 안에 으뜸이었고	功蓋小華之國
물러나서 없는 듯이 사심에	退而若無
몸은 백운재 평상에 누이셨다오	身臥白雲之牀
북락으로 올라간 정기 하늘에 있고	北落在天
생초에 그린 초상 당에 있네	生綃在堂

공의 영령 밝게 빛나나니 公靈奕奕
누가 공이 돌아가셨다고 하리오 孰謂公云亡

– 채제공, 『번암집樊巖集』 권58,
「백운재 권 공 화상 찬白雲齋權公畵像贊」

이 화상찬은 채제공의 『번암집樊巖集』 권58에 「백운재 권 공 화상 찬白雲齋權公畵像贊」이란 제목으로 실려 있고, 『백운재충의공실기』 권3에는 「화상찬」이라는 제목으로 실려 있다. 이 화상찬 제9~10구의 '북락北落'은 북락사문성北落師門星으로 하늘 북쪽에 있으면서 군사의 일을 관장하는 별이고, '생초生綃'는 삶지 않은 명주실을 가지고 얇게 짠 비단으로 그림을 그리는 데 사용한다. 권응수가 비록 세상을 떠났지만, 그 정기가 군사의 일을 관장하는 별로 화하고 이 세상에는 화상으로 공신각의 당堂에 남아서 그 영령이 밝게 빛을 발하며 우리를 지키고 있으니, 아직도 죽지 않고 여전히 살아 계신다고 한 것이다.

이후 1607년(선조 40, 62세)에는 1월에 왜구가 물러나자 체직되어 고향으로 돌아왔다가, 2월에 소명을 받고 조정으로 올라가서 오위도총부 도총관을 겸하고 선조가 베푼 공신들의 중삭연仲朔宴에 참여하였다. 이때의 그림이 1980년 보물로 지정된 '태평회맹도병풍太平會盟圖屛風'이다. 모두 4폭으로 되어 있다. 제1폭에는 중삭연의 모습이 그려져 있으며, 제2~3폭에는 연회에 참석한 63명의 공신들의 명단이 적혀 있으며, 제4폭은 비어 있다. 제2~3폭에 적힌 중삭연 참석자는 호성공신 44명, 광국공신 5명, 평난공신 6명, 청난공신 5명, 선무공신 8명이다. 그 명단은 『백운재충의공실기』 권4에 「내사병풍제명內賜屛風題名」이란 제목으로 수록되어 있다.

5 화산 위 유유한 백운에 뜻을 부치다

권응수는 오랜 전란이 끝나고 원군으로 온 명나라 군대도 떠난 1600년(선조 33, 55세) 11월에 신병으로 관직을 사직하고 고향으로 돌아왔다. 이듬해 1601년(선조 34, 56세)에는 1월에 호분위 상호군 겸 사복장에 제수되었으나 부임하지 않았고, 그해 7월에는 영천시 신녕면 매양리 화양동華陽洞(어일동於逸洞)에 복거卜居하였다. 당시로서는 노년이라고 할 나이인 47세 때(1592, 선조 25) 4월 임진왜란이 발발한 이후로 56세가 된 1601년(선조 34)까지 10년 동안 장수로서 오래도록 전쟁터를 누벼 온 만큼, 막중한 군무에서 벗어나 일단은 편안하게 쉬고 싶었을 것이다.

화양동은 후일 권응수의 7세 주손胄孫 권준병權準秉(1760-1843)

이 종가를 영천시 신녕면 화남리 갑현甲峴(갑티, 갑령甲嶺)으로 옮기기 전까지 백운재종가가 있었던 곳이다. 권응수는 이곳 화양동에 복거한 뒤로는 그를 아끼는 선조의 벼슬 제수와 부름에 응하여 상경하기는 했어도 서울에 오래 머물지 않고 곧바로 고향으로 내려왔다. 『백운재충의공실기』 권1 「연보」의 1601년(선조 34, 56세) 신축년과 1603년(선조 36, 58세) 계묘년의 기록을 들어 보면 다음과 같다.

① 1601년(선조 34, 56세) 신축

1월, 호분위 상호군 겸 사복장에 제수되었으나 부임하지 않았다. 7월, 영천시 신녕면 매양리 화양동에 복거하였다. 신녕현 서쪽 몇 리에 있는데 명나라 장수 이여송李如松을 따라온 도사道士 두사충杜思沖이 살펴서 터를 잡아 준 곳이다. 집 앞에 반 이랑 연못을 파서 버들을 심고 꽃을 가꾸면서 계옹溪翁 야로野老와 장구杖屨로 소요하였는데 한가로운 취향이 초연하였다.

② 1603년(선조 36, 58세) 계묘

4월, 병으로 사직하고 고향으로 돌아왔다. 7월, 달밤에 금호강에서 뱃놀이하였다. 송宋나라 소식蘇軾의 임술년(1082) 7월 기망(16일)에 적벽강赤壁江에서 달밤에 뱃놀이한 고사를 본받았다. 이때 아우 첨사 권응전權應銓이 따랐고, 전 목사 권황權滉 역시 소식을 듣고 와서 함께 모였다. 8월, 어영중군에 차출되고 동지중추부사에 다시 제수되었으나 모두 부임하지 않았다. 이해에 청송군 안덕면 신성리의 방대정方臺亭(방호정方壺亭)에 우거寓居하였다. 청송 안덕현 북쪽에 있다. 평소 세상을 벗어나려는 생각을 가졌는데, 난리가 막 평정되자 매양 아름다운 산수를 만나면 문득 흔연히 스스로 기뻐하면서 종일토록 돌아오기를 잊었다. 일찍이 객과 주왕산周王山에 들어가 남쪽으로 유람하다가 방대에 이르니 옛 정자가 있었는데, 기둥에 학봉 김성일이 남긴 시가 적혀 있었다. … 그 수석水石이 지극히 아름다운 것을 사랑하여 주인에게 청하기를 "나에게 정자를 늙어 죽을 때까지 빌려 주시오." 라고 하고는, 비로소 방대 아래 우사寓舍를 정해 개축하여 거처하였다. 거처하기 위해 매입했던 정자 터와 원포園圃를 자신이 죽거든 모두 옛 주인에게 돌려주도록 자제에게 일러두었다.

1601년(선조 34, 56세) 신축년 기록에서는 "7월 화양동에 복거한 뒤로는 계옹 야로와 장구로 소요하였는데 한가로운 취향이 초연하였다."라고 하였다. 그리고 1603년(선조 36, 58세) 계묘년 기록에서는 "7월에 송나라 소식이 임술년(1082) 7월 기망(16일)에 적벽강에서 달밤에 뱃놀이하였던 고사를 본받아 달밤에 금호강에서 뱃놀이하였다."라고 하고는, 이어서 "평소 세상을 벗어나려는 마음을 갖고 있다가 이해에 방대정에 우거하였는데, 난리가 막 평정되자 매양 아름다운 산수를 만나면 문득 흔연히 스스로 기뻐하면서 종일토록 돌아오기를 잊었다."라고 하였다.

습유拾遺로 송암松菴 김면金沔(1541–1593)에 대한 만장挽章 1수가 『송암유고松菴遺稿』 권2 보유補遺에 실려 있음을 볼 때 권응수는 시도 잘했을 것으로 추정된다. 그러나 1624년(인조 2) 백운재종가의 화재로 소실되었는지 당시의 심회를 보여 줄 작품이 남아 있지 못한 것이 참으로 아쉽다.

그러나 이 두 해의 연보 기록만으로도, 당시 권응수가 세상사에 대한 무상과 함께 현실 세계를 초탈하여 지내려는 고원한 심회를 가졌음을 짐작할 수 있다. 소식의 적벽강 달밤 뱃놀이는 일반에 널리 알려진 것처럼 달밤에 술을 마시면서 즐기는 뱃놀이가 아니다. 아침이면 사라질 강물 위의 허환虛幻한 달빛에 배를 띄워 달빛을 타고 광활한 우주 속을 노니는 말 그대로 초일하고 무상한 놀이, 그러한 심회를 절감하는 놀이이다.

권응수가 당시 깊이 공감했을 방대정에 적혀 있었던 김성일의 시를 대신 들어 살펴보면 이와 같은 그의 심회를 대략 유추해 볼 수 있을 것이다. 1603년(선조 36, 58세) 계묘년 기록에서 생략해 놓은 김성일의 시는 『학봉집鶴峯集』 권1에 수록된 「방대정에 쓰다[題方臺亭]」이다. 들어 보면 다음과 같다.

옥 골짜기 응당 천 겹이나니	玉峽應千疊
차가운 시내는 몇 굽이 흐르는가	寒溪幾曲流
외로운 마을 골짜기 어귀에 있고	孤村當谷口
높은 정자 바위 끝에 의지했구려	危榭倚巖頭
울 가의 짖는 소리 구름 속의 개	籬吠雲中犬
모래톱에 잠든 바다의 갈매기	沙眠海上鷗
손이 와도 그대로 앉아 있나니	客來仍坐久
봄날에는 모래톱에 내려오리라	春日下汀洲

– 김성일, 『학봉집鶴峯集』 권1, 「방대정에 쓰다[題方臺亭]」

권응수가 세사에 대한 무상과 현실 세계를 초탈하여 지내려는 고원한 심회를 가지고 초야에서 뜻을 둔 것은 후진의 교육이었다. 당시 전란을 겪은 직후라서 고을의 풍속이 경박하여 사람들이 학문에는 뜻을 두지 않는 데다, 고을에 학자들이 함께 모여 수학할 마땅한 장소도 없었다. 그래서 1606년(선조 39, 61세) 12월에 영천시 신녕면 치산리 귀수(귀천) 가 지산에 서재를 건립하고 백운재라고 하였다.

백운재의 '백운'은 남조 양나라 도홍경의 '농상백운' 고사를 끌어다 쓴 것이다. 도홍경은 은사로 구곡산에 은거하여 수련하는 생활을 하였지만, 양나라 무제의 벗으로 그의 자문에 응하였기 때문에 산중재상이라고 일컬어졌다. 제나라 고제가 산중에 무엇이 있기에 조정으로 돌아오지 않느냐는 물음에 답한 한 시에서,

산중에는 그 무엇이 있으랴만	山中何所有
언덕 위엔 흰 구름 많이 있다오	隴上多白雲
나 혼자만 보고서 즐길 뿐이고	只可自怡悅
그대에겐 가져다줄 수가 없다네	不敢持贈君

라고 한 뒤로, '농상백운'은 산림에 은거하는 고사高士의 한가로운 삶을 지칭하는 말로 쓰이게 되었다. 이 백운재는 전란 이후 노년에 이른 권응수의 심회와 평소의 뜻을 잘 담은 말이었기 때문에 자연스럽게 그의 호가 되었다.

이 백운재를 두고 이광정은 『백운재충의공실기』의 서문(『백운재충의공실기』 권수 / 『소산집』 권8 「권충의공실기서」)에서 권응수를 다음과 같이 평하였다.

세상사를 하직하고 초야로 물러나 물외物外에 심회를 풀어 놓고는, 숭반崇班과 중록重祿이라도 나아가기를 달가워하지 않았다. 산이 서리고 물이

굽이도는 사이에 서사書社를 지어 두고, 짚신에 짧은 지팡이를 짚고 한가로이 언덕 위의 백운白雲을 완상하며 후진에게 『시경』, 『서경』, 『역경』, 『육도六韜』, 『옥검편玉鈐篇』을 가르치니, 그 펴고 거두고 나아가고 물러남이 또한 군자의 훌륭한 절도에 합치되며, 학문을 숭상하여 인재를 길러 낸 아름다움은 더구나 그 흉중의 본래 취향이 공명功名과 세리勢利 밖으로 초연하게 벗어나 있음을 볼 수 있겠다. 오호라, 원대하다. 이것을 어찌 속인과 더불어 쉽게 말할 수 있겠는가.

– 『백운재충의공실기』 권수, 서문

백운재는 학자들이 함께 모여 학문을 익힐 강당은 4칸으로 하고, 그 좌우에는 학자들이 기숙할 수 있는 방을 2칸 붙이고는, 항구적으로 이를 유지할 서적과 집기, 전답 등을 갖추었다. 그런 다음 학덕 높은 선비를 초빙하여 가르치게 하고는 때때로 찾아와 장려하고 또 경계하였다.

6 선조 대왕의 국상에 달려갔다 맞이한 죽음

권응수는 임종하던 1608년(선조 41, 광해군 즉위년, 63세) 무신년 2월에 선조 대왕이 승하하자 상경하여 대궐로 달려가 선조 대왕의 영전에 곡하였다. 이보다 앞서 1600년(선조 33, 55세) 경자년 5월에 선조 대왕의 정비正妃 의인왕후懿仁王后의 국상에도 상경하여 대궐에 나아가 곡하였다. 지극한 효자이자 만고의 충신이었던 그의 마지막 모습을 잘 보여 주는 좋은 예일 것이다. 그가 임종하던 해인 1608년(선조 41, 광해군 즉위년, 63세) 무신년의 행적을 『백운재 충의공실기』 권1 「연보」의 해당 부분 기록으로 들어 보면 다음과 같다.

2월, 선조가 승하하자 대궐에 나아가 곡림哭臨하였다. 이보다 앞서 1607년(선조 40, 62세) 정미년 가을에 어떤 복인卜人(점쟁이)이 와서 이르기를 "내년에 서쪽으로 행차하지 마십시오. 행차하면 반드시 임종할 조짐이 있습니다."라고 하였다. 장차 수레를 재촉하여 한양에 이르고자 하였는데, 자제들이 다시 간언하여 말리자 눈물을 줄줄 흘리면서 말하기를 "임금과 신하의 분수로는 비록 수재와 화재를 당한 곳으로 달려가는 일이라도 피하지 못하는 법이다. 이때를 당하여 온 조정이 울부짖는 날에 어찌 복인의 근거 없는 말 때문에 편안하게 집에서 있겠는가."라고 하면서 즉시 행차하였다. 4월, 남영장南營將을 겸하였다. 5월, 병으로 체직되었다. 7월, 병이 더욱 심해졌다. 5일에 주상이 의원을 보내 진료하게 하였다. 12일 진시辰時에 한성의 여사旅舍에서 별세하였다. 병이 위독해지자 말하기를 "대장부로서 전쟁터에서 싸우다 죽어 말가죽에 시신이 싸여 집으로 돌아오겠다는 소원을 마쳤다."라고 하였다. 부음을 듣고 임금이 몹시 슬퍼하면서 조정과 시장을 닫고는 부의를 보내고 치제致祭하였다. 14일에 특별히 영의정 이원익李元翼을 보내 조문하였다. 26일에 다시 예조 낭관 이후李厚를 보내 치제하였다. 29일에 아들 구遘가 영구를 받들고 고향으로 돌아왔다. 10월, 영천군 서쪽 천곡泉谷(영천시 청통면 애련리) 건좌乾坐 등성이에 장사 지냈다. 공이 처음 별세했을 때, 조정의 경사대부卿士大夫와 원근의 사민士民들이 탄식하지 않는 이가 없었는데 눈물을 흘리며 말하기를 "충신이 돌아가셨다."라고 하였다. 장례에는 송장送葬한 사람이 수백 명이었다.

-『백운재충의공실기』 권1, 「연보」

권응수가 임종한 뒤, 7월 26일 광해군이 재차 치제할 때 내린 사제문賜祭文이 『백운재충의공실기』 권4에 실려 있다. 들어 보면 다음과 같다.

유세차 만력 36년 무신년(1608, 광해군 즉위년) 7월 을축삭乙丑朔 26일 경술일庚戌日에 국왕(광해군)은 예조 좌랑 이후李厚를 파견하여 돌아가신 효충장의협력 선무공신 자헌대부 화산군 권응수의 영전에 제사를 올리노라.

생각건대 영령은	惟靈
지용이 과단하고 열렬하여	鷙勇果烈
일찍이 도검을 일삼았다오	早事韜鈐
지체와 권세를 빌리지 않고	不借地勢
곤궁한 여염에서 일어났네	奮起窮閻
성을 보전하고 적을 이겼으니	全城克賊
공적은 동배에서 뛰어났다오	功出等倫
궁월을 초수하여	超授弓鉞
남쪽 변방 막아냈네	用捍南藩
시종 최고의 공적이라	終始最績
이에 훈맹에 참여하였다오	乃預盟勳
병폐로 집안에 거처하며	病廢家居
오랫동안 벼슬길을 사절하였네	久謝驅馳
지난번 곡반에 참여하느라	頃因會哭
잠시 서울에 왔다오	蹔來京師
그 애통함을 민망히 여겨	憫其哀毁
사무로 번거롭게 하지 않았다오	不煩以事
거의 식사하게 되었는데	庶幾能飯
어찌 일어나지 못하였는가	云胡不起
부음 듣고 놀랍고 슬퍼	聞訃驚悼
조회를 파하고 저자를 거두었다오	罷朝輟市
특별히 유사에게	特令有司
부의와 염습 예에 맞게 하였네	賻斂如禮
이에 전물을 갖추어	玆具奠儀
내 정성을 보이노라	以示予忱

영령이 사라지지 않았다면	靈其未泯
와서 흠향하시기를 바라노라	庶幾來歆

–『백운재충의공실기』 권4, 「사제문」

권응수가 한양에서 임종했을 때, 윤근수尹根壽(1537–1616), 이순신李純信(1554–1611), 구성具宬(1558–1618)이 함께 올린 제문도 『백운재충의공실기』 권4에 수록되어 있다. 이들은 모두 1607년(선조 40, 62세) 2월에 선조가 공신들에게 베푼 중삭연에 함께 참석했던 사람들이다. 그 사실은 『백운재충의공실기』 권4에 수록된 「내사병풍제명」으로 확인된다. 이들이 올린 제문을 들어 보면 다음과 같다.

유세차 만력 26년 무신년(1608, 광해군 즉위년 7월) 을축삭 23일 정미일丁未日에 수충공성익모輸忠貢誠翼謨 수기광국修紀光國 충근정량忠勤貞亮 효절협책效節協策 호성공신 보국숭록대부 해평부원군海平府院君 윤근수, 효충장의效忠仗義 선무공신 자헌대부 완천군完川君 이순신, 충근정량협책忠勤貞亮協策 호성공신 가의대부 능해군綾海君 구성 등은 돌아가신 효충장의협력效忠仗義協力 선무공신 자헌대부 화산군 권 공의 영전에 삼가 제사를 올린다.

생각건대 영령은	惟靈
성품과 법도가 웅위하고	性度雄毅
기개가 헌앙하였다오	氣槩軒昂
일찍이 도검을 알았고	早諳韜鈐
젊어서는 사장을 엿보았다오	少覰詞場
뜻은 횡초를 사모하고	志慕橫草
기예는 천양이 기묘하였다오	技妙穿楊
이윽고 무과에 올라	旋登虎榜

멀리 변방 용만에서 복무하였다오	遠戍龍荒
늠름한 위풍과	凜凜威風
열렬한 강장이라	烈烈剛腸
오랑캐는 감히 접근하길 꺼렸고	虜憚敢近
사람들은 믿고 방어하게 되었다오	人恃爲防
임기가 되어 교체되니	及瓜而代
누가 그 훌륭함을 발탁하랴	孰簡厥良
기량을 갈무리하고 등용되길 기다리며	藏器待用
몇 년을 보냈던가	幾閱星霜
나라 운세 중간에 잘못되어	國運中否
섬 오랑캐 침범하였다오	島夷陸梁
남쪽 지방 거듭 먹히다	荐食南土
이에 팔도에까지 미쳤다오	爰及八方
온 나라가 달아나기만 생각하니	擧思逃竄
누가 뻗어 나가는 것을 막겠는가	誰遏方張
공은 그때 창의하여	公時仗義
근왕의 군대를 모아서	鞠旅勤王
천지에 맹세하고	誓心天地
목숨을 봉망에 맡겼다오	委命鋒鋩
종사의 수치 씻기 위해	宗社之恥
잠자고 식사할 겨를조차 없었다오	寢息靡遑
용맹을 떨치고 군진에 나아가서	鼓勇臨陣
우리의 무용 드날리니	我武維揚
향하는 곳마다 앞이 없었으며	所向無前
적은 우리를 감히 당해 내지 못하였다오	莫余敢當
큰 공적을 여러 번 아뢰니	膚功累奏
남다른 은총 더욱 드러났다오	異數彌彰
편비에서 발탁되어	拔跡褊裨

봉역을 지키는 임무를 받았다오	授任封疆
특별한 예우에 더욱 감격하여	益感殊遇
갑절이나 간절하게 황공해했다오	倍切兢惶
영천에서 한 번 진군하니	一鼓永川
개미 떼 같은 왜적이 궤멸하여 허둥대고	蟻潰蒼黃
다시 도산으로 수레를 몰아가서	再駕島山
물고기가 옹옹하듯 바삐 움직였다오	魚喁奔忙
이미 그 혼백을 잃게 하고	旣褫其魄
다시 그 목을 움켜잡으니	復扼其肮
적들은 수륙에서 모두 곤궁해졌고	水陸俱困
우리의 세력은 더욱 강하게 되었다오	我勢益强
편안하게 요격함은 정정하였으며	寧邀正正
용감하게 공격함은 당당하였다오	敢犯堂堂
추한 무리 숨고 달아나니	醜類潛遁
빛나는 왕업이 거듭 창성해졌다오	赫業重昌
주상이 그 공훈 위대하게 여기면서	上懋乃勳
돈독하여 잊지 못하겠다 하였다오	曰篤不忘
이에 원훈으로 책훈하여	爰策元勳
바로 구장에 계고하였다오	粤稽舊章
운대에 초상을 갈무리하고	肖像雲臺
공적을 용 깃발에 적었다오	紀績旂常
그 공적 다툴 자가 없나니	無競維烈
옛날과 견주어도 광채가 있다오	視古有光
오히려 한스러워하였으니 임금님의 활	尙恨烏號
부상에 걸지 못한 것을	未掛扶桑
장렬한 한 마음은 경경하고	壯心耿耿
신령한 이치 망망하다오	神理茫茫
어찌하여 남겨 두지 않고	如何不憖

끝내 돌아가시게 하였는가　竟至云亡
장성의 성가퀴 쓸자니　長城掃堞
태백성 빛을 거두었네　太伯收芒
임금님 지극히 경도하시고　宸極震驚
부곡은 처량하였다오　部曲凄涼
여빈을 누구에게 의탁할 것인가　旅殯誰托
관에서 초상을 돕는다오　官庀其喪
오히려 자제에게 힘입어　尙賴有子
상심을 다스리고 장례를 지내리라　寧憂克襄
반장할 때가 되었나니　返葬有期
저 남쪽 고을로 돌아가도다　于彼南鄉
우리는　等
이미 훈맹을 함께하여　旣同勳盟
다시 줄지어 섰다오　復聯班行
의를 추모하니 감탄이 일어나고　慕義興嗟
옛날을 생각하니 상심이 더하도다　感舊增傷
바라건대 넉넉히 흠향하소서　冀紆歆格
애오라지 향기로운 제수를 올리니　聊爲芬芳
어둡지 않은 영령이 계시리니　不昧者存
올리는 이 술잔을 혹 받으시리라　倘擧玆觴

– 『백운재충의공실기』 권4, 「내사병풍제명」

이 제문을 함께 올린 윤근수·이순신·구성은 만사挽詞도 함께 지어 애도하였다. 『백운재충의공실기』 권4에는 윤근수·이순신·구성을 포함한 15인의 만사가 수록되어 있는데, 그중 윤근수의 만사를 들어 보면 다음과 같다. 이 만사는 윤근수의 문집 『월정집

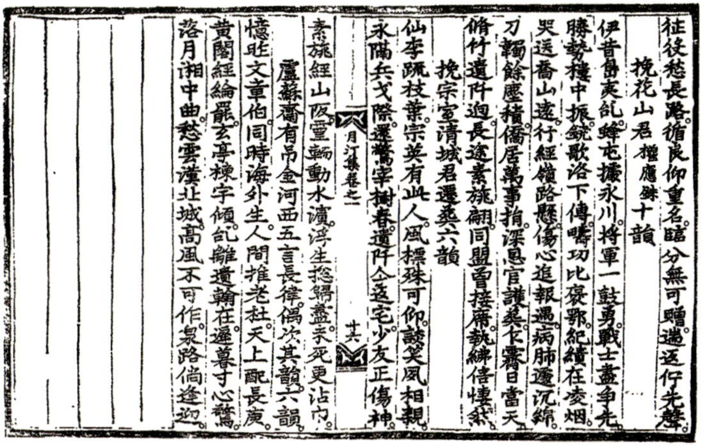

徃役愁長路。循良仰重名。臨分無可贈。遥送佇先聲。
挽花山君 權應銖 十韻
伊昔島夷亂。蜂屯據永川。將軍一鼓勇。戰士盡爭先。
勝勢樓中振。鐃歌洛下傳。疇功比褒鄂。紀績在凌烟。
哭送喬山遠。行經鏡路懸。傷心追報遇。病肺遽沉綿。
刁斗餘塵積。儒居萬事捐。深恩官護葬。卜窆日當天。
脩竹遺阡迥。長途素旐翩。同盟曾接席。執紼倍悽然。
挽宗室清城君還葬六韻
仙李蹤枝葉。宗英有此人。風標殊可仰。談笑風相親。
永陽兵戈際。還鄉宰樹春。遺阡今送宅。少友正傷神。
月汀集卷之二 十六
素旐經山阪。靈輀動水濱。浮生摠歸盡。來死更沾巾。
盧蘇齋有吊金河西五言長律。偶次其韻六韻
憶昨文章伯。同時海外生。人間推老杜。天上配長庚。
黃閣經綸罷。玄亭棟宇傾。亂離遺翰在。遲暮寸心驚。
落月湘中曲。愁雲漢北城。高風不可作。泉路倘逢迎。

一八四

윤근수 만사(한국고전종합DB 제공)

月汀集』 권1에는 「화산군 권응수에 대한 만사 10운[挽花山君 權應銖 十韻]」이라는 제목으로 수록되어 있다.

예전에 섬 오랑캐 난리 일으켜 伊昔島夷亂
벌떼처럼 영천에 웅거했을 때 蜂屯據永川
장군께서 북을 울려 용기 북돋자 將軍一鼓勇
전사 모두 앞다투어 나가 싸웠네 戰士盡爭先
승세는 누대 안에 떨쳐 울렸고 勝勢樓中振
개선가는 서울까지 전해졌나니 鐃歌洛下傳
전공은 포공과 악공에 비견되고 疇功比褒鄂
— 포공과 악공은 당나라의 개국 명장으로 포국공褒國公에 봉해진 단지현段志玄과 악국공鄂國公에 봉해진 울지경덕尉遲敬德을 가리킨다.(저자 주)
업적은 능연각에 남아 있다오 紀績在凌煙

곡하며 보내자니 선영은 멀고 哭送喬山遠
거쳐 가는 영남 길은 가파르리라 行經嶺路懸
슬퍼라 지우 받음 갚으려는데 傷心追報遇
폐병이 갑자기 심해지셨네 病肺遽沈綿
칼과 활엔 남은 먼지 쌓여 있는데 刀韊餘塵積
한양에서 세상을 버리셨다오 僑居萬事捐
깊은 성은 관에서 장례 돕나니 深恩官護葬
잠깐 개어 하늘에 해가 떴다오 乍霽日當天
길게 자란 대숲 묘지 아득한데 脩竹遺阡迥
먼 길에 상여 깃발 펄럭인다오 長途素旐翩
공신 되어 자리를 같이했으니 同盟曾接席
상여 끈 붙잡으매 배나 슬프네 執紼倍悽然

– 윤근수, 『월정집』 권1, 「화산군 권응수에 대한 만사 10운」

제4장

백운재 종가의 제례 문화

백운재종가白雲齋宗家는 1968년 8월 15일 영천시 신녕면 화남리 갑현甲峴(갑티, 갑령甲嶺) 뒤쪽의 저수지 둑이 터져 종가를 포함한 자손들의 집이 모두 물에 쓸려 나갔다. 그 뒤로 현 종손 14세 권세형權世瀅(1937-생존)이 외지로 나가 지내고 있고, 이제 88세의 고령이다. 또 현 종손의 맏아들이자 차종손인 권용욱權容煜(1963-생존)은 가족을 데리고 미국으로 이민을 떠났다. 그래서 종가에서 모시던 충의공忠毅公 백운재白雲齋 권응수權應銖(1546-1608)의 불천위不遷位 제사와 4대 기제사를 어떻게 지내고 있는지 물어서 확인해 볼 데가 없다. 다만 영천시와 그 주변에 사는 자손들이 전해주는 얘기로는 서울에 거주하는 현 종손 권세형이 그곳에서 권응수의 불천위 제사와 4대 기제사를 모시고 있으며, 음력 7월 12일 권응수의 불천위 제사 때는 영천시 옛 신녕현 일원 안동권씨 권응수 후손들의 종회에서 그 제수 비용을 보내고 있지만, 서울로 올라가 참사參祀는 하지 않는다고 한다.

현재 영천시 옛 신녕현 일원 안동권씨 권응수 후손들이 모여 권응수에 대한 불천위 제사를 드리는 시기는 원래 권응수를 제향한 귀천서원의 춘추 향사 때였다고 한다. 그러나 최근 귀천서원을 보수하면서, 그곳 사당에 경덕사敬德祠에 주향主享으로 모셨던 권응수의 위패와 배향配享한 권응수의 재종제 일성日省 권응심權應心(1554–1597)의 위패를 1979년 영천시 신녕면 화남리 갑현 옛 종가 자리에 조성한 권응수 유적지의 사당 경충사景忠祠로 옮겨 봉안하였다. 그곳에서 춘향春享은 음력 2월 중정中丁에 영천시 옛 신녕현 일원의 권응수 후손과 권응심 후손이 모여 지내고 있고, 추향秋享 때는 음력 10월 12일을 정일定日로 해서 권응수의 묘소에서 묘사墓祀를 드린다고 한다. 여기서는 경충사의 춘향을 중심으로 백운재종가의 제례 문화를 이야기해 보겠다.

1 제례의 현황

백운재종가의 제례는 크게 기제사, 설과 추석 등 명절에 지내는 차사, 그리고 가을에 지내는 묘사로 구분된다. 기제사는 불천위 제사와 4대 봉사이고, 모두 합설合設이다. 합설은 남편이나 아내의 제사에 내외분의 신주神主를 함께 모시고 지내는 것이고, 단설單設은 본인의 제사에 본인의 신주만 모시고 지내는 것을 말한다. 불천위 제사는 권응수와 그 부인 순흥안씨順興安氏·창녕성씨昌寧成氏의 3위이며, 4대 봉사는 종손 권세형權世瀅의 고조부모인 권상락權相洛과 벽진이씨碧珍李氏·거창신씨居昌愼氏, 증조부모인 권영국權寧國과 광산김씨光山金氏, 조부모인 권오섭權五燮과 광산김씨, 부모인 권혁대權赫大와 풍산류씨豐山柳氏의 모두 9위이며, 차사는 설날인 정월 초하루와 추석인 팔월 대보름에 지내는 명절 제사이다. 이렇게 한 해에 지내야 할 제사만 열 번이 훨씬 넘는다.

불천위 제사는 권응수의 기일은 음력 7월 13일이며, 백운재의 부인 순흥안씨와 창녕성씨의 기일은 각각 음력 10월 11일과 9월 9일이다. 4대 봉사는 종손 권세형의 고조부 권상락의 기일은 음력 4월 14일이고 고조모 벽진이씨와 거창신씨의 기일은 각각 음력 3월 3일과 12월 24일이다. 증조부 권영국의 기일은 음력 5월 6일이고 증조모 광산김씨의 기일은 음력 1월 17일이며, 조부 권오섭의 기일은 음력 7월 5일이고 조모 광산김씨의 기일은 음력 1월 12일이다. 부친 권혁대의 기일은 음력 10월 5일이고 모친 풍산류씨의 기일은 음력 2월 9일이다. 묘사는 매해 음력 10월에 지내다가 이제는 귀천서원의 추향 때 음력 10월 12일을 정일로 해서 권응수의 묘소에서 지낸다고 한다.

많은 사람이 농촌의 동족 마을을 자신의 생활근거지이자 또 자기 고향으로 생각하던 1970년대와 1980년대까지만 해도 제사는 조상을 추모하는 행사이면서, 동시에 그 자리에 제관으로 참석하는 후손들이 일족의 정의를 다지는 잔치이기도 하였다. 이미 자신의 생활근거지를 도시로 옮긴 자손들의 경우 일부러 휴가를 내서라도 제사에 참석하기도 하고, 또 그 제사에 참석하는 것을 계기로 오래도록 만나지 못하던 친척들을 만나기도 하였다. 참석하는 제관들이 많았기 때문에 그들 모두가 부족함 없이 먹을 수 있도록 제수도 풍성하게 마련한 것이고, 또 여전히 농촌의 동족 마을이 존속하였기 때문에 제수 등 제사 준비에 많은 일손이 도움을 줄 수 있었다. 그러나 종손을 중심으로 한 문중으로 강하게 결속된 농촌의 동족 마을이 해체되면서 더 이상 그러한 모습을 보기는 어려운 것이 현실이다. 이제는 제사를 모셔야 한다는 의식조차 거의 없어지면서 제사는 불천위 등 현조顯祖를 둔 종가의 종손이 어쩔 수 없이 져야 하는 책무가 되어 있다.

현재 영남 여러 종가는 그 종가에서 지내는 모든 제사를 옛 법도대로 지낼 수 없는 상황이다. 종인 대부분, 그것도 도시에 사는 종인 대부분이 자신의 본업을 버려 두고 도시에서 멀리 떨어진 곳에 있는 종가의 제사에 신경을 쓸 수 없음은 말할 필요도 없다. 따라서 종가의 제사는 그 준비에서부터 참사에 이르기까지의 모든 일이 오롯이 종손과 그 일가족의 몫이 되어 있다. 종손이 고령일 때는 최소한 열 번 이상이 되는 종가의 모든 제사를 감당할 수조차 없다. 그래서 퇴계종가를 위시한 영남의 여러 종가는 4대 봉사를 포함한 거의 모든 제사를 현대화 또는 간소화해서 지내고, 대신 큰제사라고 하는 불천위 제사만은 옛 법도 그대로 지내고 있다. 이것은 변화된 현실에 적응해서 선대로부터 오래도록 지켜 온 종가 문화를 보존해 보려는 노력의 일환이라고 하지 않을 수 없다. 백운재종가에서도 불천위 백운재 권응수의 제사만은 옛 법도대로 지내고 있다.

백운재종가의
제례 문화

2 불천위 제례의 절차와 특징

불천위는 4대가 지나도 신주를 땅에 묻지 않고 자손이 있는 한 계속 제사를 받드는 것을 말한다. 별도의 사당을 마련하여 모시기도 하고, 가묘에 4대의 신주와 함께 모시기도 한다. 불천위가 있고 없음이 그 가문의 격을 가늠하는 기준이 된다. 불천위는 유현儒賢으로서의 학문이나 덕행, 나라에 세운 공훈이나 벼슬 등 다양한 사항을 고려해서 정한다. 국가가 정했으면 국불천위國不遷位라고 하고, 유림이 공론으로 정했으면 유림불천위儒林不遷位라고 한다. 유림불천위도 도내 유림이 공론으로 정했으면 도불천위道不遷位라고 하고, 향내 유림이 공론으로 정했으면 향불천위鄕不遷位라고 한다. 이 외에 유림의 공론을 거치지 않고 문중에서 정한 경우는 사불천위私不遷位라고 한다. 이것은 같은 불천위라 하더라도 다른 불천위에 비해 그 격이 다소 떨어진다.

국불천위는 문묘文廟에 배향된 동국유현東國儒賢 18인, 역대 임금의 묘정廟廷에 배향되거나 국가의 공신각功臣閣에 영정影幀이 모셔진 공신이 1차 대상이 된다. 그리고 국가에 세운 공훈이나 벼슬 등을 고려할 때, 정경正卿 이상의 고관으로 시호諡號를 받거나 국가 공인의 사액賜額된 서원書院 또는 사우祠宇 등에 제향한 사람이 그 대상이 될 수 있다. 다음으로 유림불천위는 기타 서원이나 사우 등에 배향된 사람은 모두 그 대상이다. 권응수는 선무공신 2등 제2위 전체 5위의 공신으로 국가의 공신각에 이미 영정이 봉안된 데다, 화산군花山君에 의정부 좌찬성으로 '충의忠毅'라는 시호를 받았으며, 또 그를 제향한 귀천서원은 국가 공인의 사액서원이다. 따라서 권응수는 불천위 가운데서도 가장 격이 높은 국불천위이다.

불천위 제사는 불천위대제不遷位大祭라고 하여 보통 큰제사라고 부르며, 다른 일반적인 기제사와 구별하여 따로 격식을 갖추어 지낸다. 더구나 권응수는 임진왜란 전공으로 공신에 오른 선무공신 2등 제2위 전체 5위 공신의 국불천위였기 때문에, 그에 대한 불천위 제사는 자손만이 아니라 지역의 유림이 대거 참여하고, 격식도 엄격하게 갖추고 제수도 성대하게 차려 매해 크게 거행했을 것이다.

그러나 1968년 백운재종가가 수마 속에 사라지고 현 종손 권세형이 88세의 고령으로 서울에 거주하여 대담이 어려운 형편이라서, 그간의 백운재종가 사당의 불천위 제사와 종가의 여러 기제사, 그리고 묘사 등에 대한 구체적인 내용을 파악하기는 어렵다. 대신 문중 인사와의 대담 내용을 정리해 보면 이러하다.

문: 종손은 서울에 계신다고 하던데 자손들도 다 서울에 있는지요?

답: 자손들은 다 지금 미국으로 가 버리고 없습니다. 차종손(종손 아들)은 가족과 미국 이민 가 버렸습니다.

문: 음력 7월 12일 충의공 불천위 제사는 서울의 종손이 그곳에서 모시는지요, 아니면 여기 내려와서 모시는지요?

답: 서울에서 종손이 모십니다. 저희가 여기에서 기일 제례 비용으로 50만 원 보냅니다. 서울로 따로 가진 않고요.

문: 그러면 불천위 제사는 종손이 따로 모시고, 서원 향사가 이제 주가 되는 제사인가요?

답: 자손들은 향사 때 모입니다. 향사 때와 묘사 때 모이는데 제가 여기 참석하고는 종손은 안 오셨던 것 같아요. 향사 때도요.

문: 지금 귀천서원의 향사는 어떤지요?

답: 충의공 향사인데 음력 2월 중정에 여기서 행사합니다. 그때 오면 우리 전체 문중에 모여서 하는 행사를 보실 수 있습니다.

문: 그 제사는 누가 주관하시나요?

답: 옛날에는 지역 유림에서 했는데 지금 그 유림이 좀 희미해져서, 저희 충의공 자손들하고 여기 위패를 배향한 일성공 자손들이

모여서 합니다. 가끔 이곳 신녕면장님이 오시기도 하고, 영천시장님과 영천 시의원이 한 번씩 번갈아 가면서 와서 초헌관으로 모십니다.

문: 충의공의 불천위 제사는 지금 향사로 지내시는데 원래 종택에 있을 때는 사당에서 제사 지내셨죠?

답: 아니요. 옛날부터 향사로 지냈어요.

문: 옛날부터 향사였어요?

답: 옛날 귀천서원에서 향사를 춘추로 지냈는데 지금은 춘향春享만 지내고 추향은 음력 10월 12일을 정일로 해서 묘소에서 묘사를 지냅니다.

귀천서원에서는 지역 유림이 주관하여 매해 춘추로 향사를 계속 지내 왔다고 한다. 1979년 호국 위인 유적 정화 사업과 최근의 귀천서원 보수 작업 때 백운재종택 옛터에 권응수 장군 유적지를 조성하고, 그곳에 백운재종택 사당을 대신해 경충사를 건립한 뒤부터는 귀천서원 경덕사에 주향으로 모셔 놓았던 권응수의 영정, 위패 및 배향했던 권응수의 재종제 권응심의 위패를 이곳 경충사에 옮겨 봉안하였다.

백운재종가 사당의 불천위에 대한 제사는 서울의 종손이 따로 모시고, 귀천서원 경덕사의 불천위에 대한 향사는 경충사에서 드리고 있다. 매해 음력 2월 중정에는 춘향을 지내고, 추향 때는 향사 대신에 음력 10월 12일을 정일로 하여 권응수의 묘소에 묘

충의공 백운재 권응수 위패

일성 권응심 위패

사를 드린다. 제사 주관은 지역 유림이 아니라 권응수 자손과 권응심 자손이 하고, 영천시장이나 영천 시의원이 참석하면 그들을 초헌관初獻官으로 하여 향사를 드린다.

2019년 코로나19 팬데믹 이후로 잠시 향사를 쉬다가 2022년부터 향사를 재개하였다. 따로 입재入齋와 파재罷齋 등 전래의 향사 절차는 모두 생략되고, 향사 당일 도착한 제관들이 경충사 옆의 권응수 장군 유물관 사무실에서 시도기時到記를 작성한 다음, 그 자리에서 서로 인사(맞절)를 하고 당일 향사의 집사분정執事分定을 하고 나서 집사분정기執事分定記를 작성하여 걸었다. 올해 2025년 을사년 음력 2월 20일 중정 춘향의 집사분정기는 다음과 같다.

龜川書院 春享時 執事
初獻官 幼學 權容範
亞獻官 幼學 權五潤
終獻官 幼學 權章玉
祝 幼學 權泰慶
謁者 權赫明
贊人 權純亨
奉香 權世晃
奉爐 權五煥
奉爵 權寧柱
奠爵 權寧國
司尊 金美姬

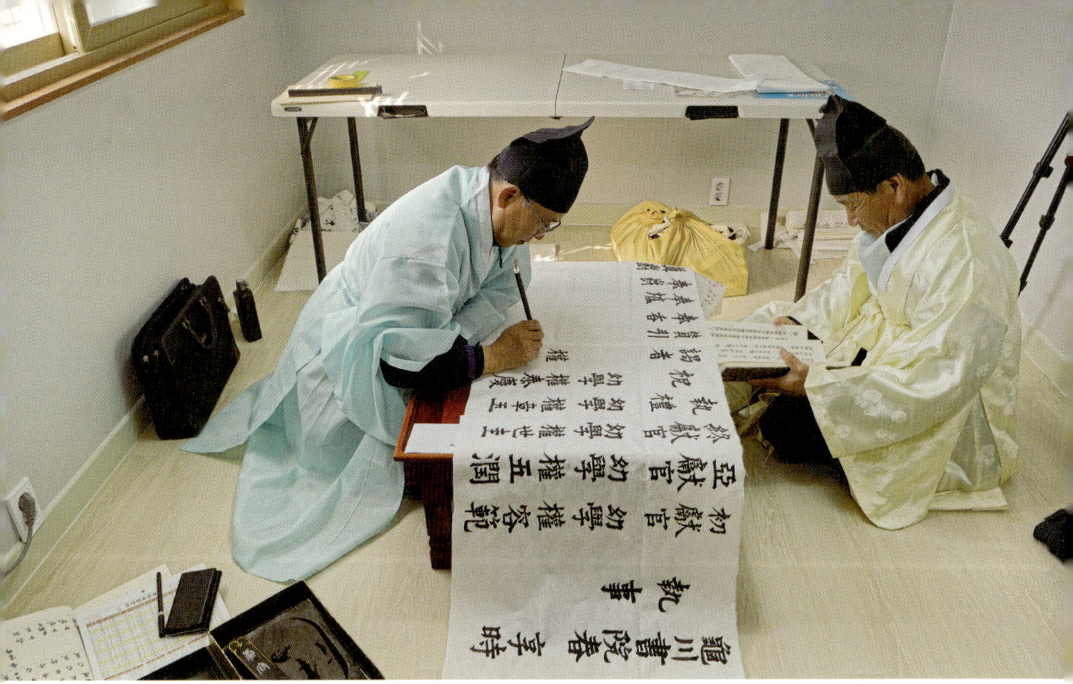

집사분정기 작성

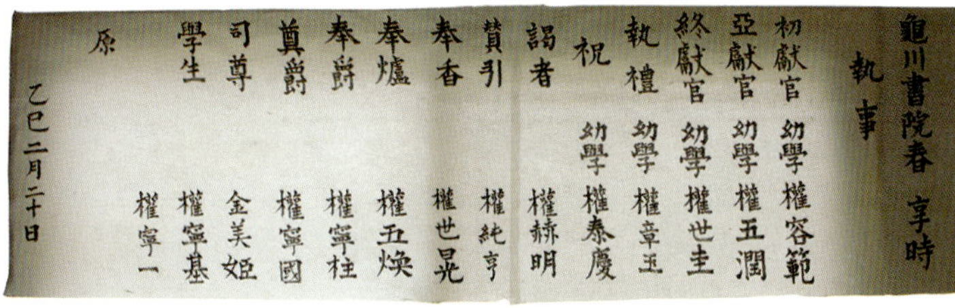

龜川書院春 享時

執事

初獻官 幼學 權容範
亞獻官 幼學 權五潤
終獻官 幼學 權世圭
執禮 幼學 權章玉
祝 幼學 權泰慶
謁者 權赫明
贊引 權純亨
奉香 權世昊
奉爐 權五煥
奉爵 權寧柱
奠爵 權寧國
司尊 金美姬
學生 權寧基
權寧一
原
乙巳二月二十日

집사분정기

學生 權寧基

　　權寧一

原

乙巳二月二十日

요사이 영남의 어느 문중이나 그러하듯, 종가의 불천위 제사나 서원 등의 향사에 지역 여러 문중 사람이 많이 참석하지는 않는다. 2000년대 이후로는 문중 인사들 20~30명 정도가 참석한다. 향사 당일 참석한 사람을 중심으로 집사분정을 하는 중에 이 같은 집사분정기가 나오게 된 것이다. 당연히 자연스럽게 당일 향사에 참석한 문중의 여성들도 제수 준비와 제례 참사만이 아니라 향사의 집사에 들게 되었다.

향사는 경충사에 제청祭廳을 마련하여 지낸다. 제수는 담당 유사有司가 향사 며칠 전부터 영천시장에 가서 장을 봐 와 그것을 갑현의 경덕사로 옮겨 두면 문중 여성들이 향사 당일에 와서 준비한다고 한다. 향사 제수 비용은 문중에서 부담해 오다가, 10여 년 전부터는 영천시에서 1년에 한 번 그 비용을 지원해 준다고 한다. 경충사 향사의 제수는 예전에 4변籩 4두豆로써 차렸던 귀천서원 향사 진설도陳設圖를 근거로 하여, 현재의 형편에 맞게 일부 변경하여 차리고 있다. 먼저 귀천서원 향사 진설도를 들어 보면 다음과 같다.

神位

鹿脯 魚鱐 簠稻　　簋黍 鹿醢 魚醢

栗黃 乾棗　　　　　韭菹 菁菹

鷄　腥

燭　　俎　　燭

幣　篚

爵 爵 爵

祝坫

예전 귀천서원 향사에는 4변 6두로써, 과일 4가지를 올리고

경충사 제청

향사 축판 진설도

▲ 초헌관 진설 점검
▼ 아헌 헌작

제상의 서쪽에 포 몇 가지를 올리고, 잣과 호두 안 깐 것, 은행과 대추 등을 올렸다고 한다. 그러나 지금은 그것을 조금 변경하였다. 2025년 향사를 기준으로 제수는 이러하다. 편(떡)은 본편과 노란 콩가루를 얹은 절편을 쓰며, 포는 원래 써 오던 말린 문어 다리 대신에 대구포와 육포를 쓰며, 과일은 밤·대추·사과·배·귤·잣·미나리·무·도라지의 일곱 가지를 올리는데 미나리·무·도라지는 날것을 쓰며, 예전과 다름없이 생닭을 그대로 쓰고 차조와 생쌀도 그대로 쓰고 있다.

향사의 제례는 제관 참여의 형편상 여성들도 참여하게 된 것 외에는 귀천서원 향사 홀기笏記에 근거하여 변함없이 그대로 진행되었다.

① 귀천서원홀기龜川書院笏記

㉠ 행례行禮

㉡ 행전폐례行奠幣禮

㉢ 행초헌례行初獻禮

㉣ 행아헌례行亞獻禮

㉤ 행종헌례行終獻禮

㉥ 행음복례行飮福禮

㉦ 행망예례行望瘞禮

② 상향축문常享祝文

유세차 모년 모월 모일에 후학 모는 감히 밝게 고하나이다. 충의공 백운재 권 선생께서는 효를 옮겨 충을 행하여 공은 사직에 있으니, 길이 풍성을

홀기

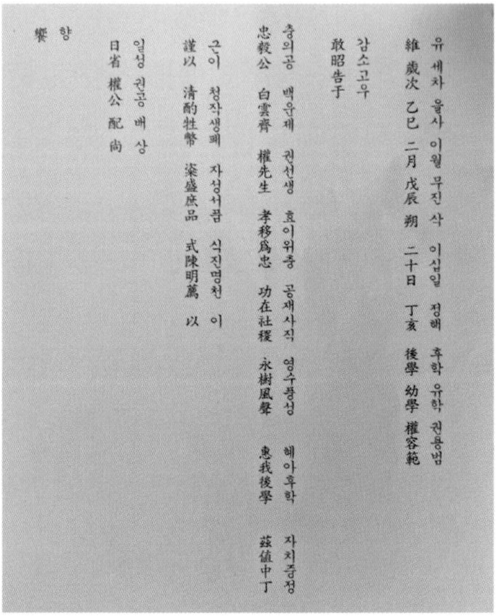

유 세차 을사 이월 무진 삭 이십일 정해 후학 유학 권용범
維歲次 乙巳 二月 戊辰 朔 二十日 丁亥 後學 幼學 權容範
감소고우
敢昭告于
충의공 백운재 권선생 효이위충 공재사직 영수풍성 혜아후학 자치중정
忠毅公 白雲齋 權先生 孝移爲忠 功在社稷 永樹風聲 惠我後學 茲値中丁
근이 청작생폐 자성서품 식진명천 이
謹以 清酌牲幣 粢盛庶品 式陳明薦 以
일성 권공 배 상
日省 權公 配 尙
향
饗

축문

수립하여 우리 후학에게 은혜를 베푸셨습니다. 이에 이월 중정을 맞아 삼가 맑은 술과 희생 및 폐백, 자성과 제수를 조촐하게 마련하여 올리옵니다. 배향한 일성 권 공께서도 함께 흠향하시기를 바랍니다.

축문은 『백운재충의공실기白雲齋忠毅公實紀』 권4에 수록된 도처형都處亨의 「상향축문」의 "효를 옮겨 충을 행하여 공은 사직에

독축

있으니, 길이 풍성을 수립하여 우리 후학에게 은혜를 베푸셨습니다.[孝移爲忠, 功在社稷. 永樹風聲, 惠我後學.]"라고 한 내용을 중심에 두고, 그 앞뒤에 일반 축문 양식을 집어넣어 만든 위의 글에다 해당 향사의 연월일과 해당 향사 축관의 관향貫鄕과 성명을 기록해서 사용하였다. 지금 사용하는 홀기도 귀천서원의 향사 홀기를 그대로 사용하고 있었으므로 기존 행사 절차에서의 변동은 없다.

경충사 밖에서는 집례執禮가 홀기를 읽으면서 절차를 알리고, 경충사 안에서는 찬인贊引이 행사 진행을 알려 주었다. 절차마다 알자謁者가 헌관을 인도하였다. 개독開櫝하기 전에 초헌관이 진설을 점검하였다. 개독하면서 차조와 생쌀의 덮개를 열고, 뒤에서는 사준司尊이 술을 담는 그릇에 술을 부었다. 알자가 초헌관에게 청행사請行事라고 세 번 고한 뒤 경충사 밖에 있는 참사자들 모두 두 번 절하여 신령에게 인사한 다음, 향을 세 번 올린 후 근봉謹封이라고 적힌 폐백幣帛을 위패 앞에 올리는 전폐례奠幣禮를 행하고 헌작獻爵하였다. 아헌관과 종헌관도 초헌관처럼 헌작한 다음, 헌관 3인은 모두 모여 함께 재배再拜하였다. 초헌관과 축관祝官이 음복례飮福禮를 한 뒤에 모든 참사자가 재배하였다. 그런 다음 권응수의 묘소를 향해 망예望瘞로 재배하고 분축焚祝을 마친 뒤에 집례가 초헌관을 마주 보고 예필禮畢이라고 하여 향사가 끝났음을 알린 뒤 제관들의 음복이 있었다. 음복 음식은 대략 40명분을 준비하여 제관들에게 나누어 주었다. 2025년 을사년 춘향에서는 제례 참사자들이 권응수 장군 유물관에서 과일과 떡으로 간단히 음복하고 식당에서 다 같이 식사한 다음 파하였다.

제5장

선조 권응수와 백운재종가에 대한 문중 인사들의 생각

연구팀 면담 장면

현재 종손 권세형權世滢(1937-생존)이 88세의 고령으로 외지인 서울로 나가 거주하고 있어서 대담이 어려운 데다, 맏아들 차종손 권용욱權容煜(1963-생존)이 가족을 데리고 미국으로 이민을 떠났기 때문에, 선조 충의공忠毅公 백운재白雲齋 권응수權應銖(1546-1608)와 백운재종가白雲齋宗家에 대한 종손의 생각을 들어 보기는 어렵다. 그래서 대담에 응해 준 문중 인사들의 생각을 '귀천서원龜川書院과 선조 충의공 향사享祀', '1968년 갑현(갑티) 마을 수재 전후의 백운재종가와 안동권씨 동족 마을의 풍경', '선조 충의

면담(권장옥, 조필호, 권순형)

공에 대한 생각', '백운재종가의 장래에 대한 고민'의 네 부분으로 나누어 정리해 본다.

선조 권응수와 백운재종가에 대한
문중 인사들의 생각

1 귀천서원과 선조 권응수 향사

백운재종가는 1968년 8월 15일에 영천시 신녕면 화남리 갑현甲峴(갑티, 갑령甲嶺) 뒤쪽의 저수지 둑이 터져 종가를 포함한 자손들의 집이 모두 물에 쓸려 나갔다. 그 뒤 종택이 아직 복원되지 못하고 있어서 종가에서 거행되는 권응수에 대한 불천위대제不遷位大祭를 확인해 보기는 어렵다. 그에 대한 기억을 가진 자손들도 지금은 거의 생존해 있지 않아 증언을 통한 재구조차 어려운 상황이다. 대신 자손들은 권응수를 제향하는 귀천서원龜川書院 경덕사敬德祠에서 지내던 향사享祀를 권응수에 대한 큰 제사로 기억하고, 또 계속 지켜 나가려 하고 있다. 다만 지금 귀천서원은 중수공사가 한창 진행 중이라 그곳 경덕사에 모신 권응수의 위패와 일성日省 권응심權應心(1596~1665)의 위패를 경충사景忠祠로 이안移安해서 향사를 드리고 있다. 선조 권응수의 향사와 관련한 자손들의 기억과 생각은 이러하다.

문: 어디서 향사를 모시나요?

답: 음력으로 2월 중정中丁, 초정初丁은 향교 석전대제 지내는 날이고 중정에 각 서원에서 향사를 지냈는데, 우리도 귀천서원에서 중정에 향사를 모십니다. 귀천서원은 지금 수리 중이라 일단 이곳 경충사로 이안해서 여기서 행사하고 있습니다.

문: 그럼 귀천서원에 있던 위패도 지금 다 여기로 이안했나요?

답: 예. 여기로 이안했죠. 귀천서원 수리가 다 되면 그곳으로 다시 이안해서 행사하려고 합니다.

문: 이곳 경충사로 이안한 지 얼마나 됐는지요?

답: 6~7년 됐습니다. 우선 사당과 강당 등을 수리했고, 지금 2차 공사를 하고 있습니다. 앞에 담장도 없고 외삼문도 없고 동재와 서재도 해야 합니다. 경상북도하고 제가 연결해서 추진하고 있습니다.

문: 이 경충사에서 지내는 충의공 향사는 어떻게 지내시나요?

답: 음력 2월 중정에 여기서 행사하는데, 그때 오면 우리 전체 문중이 모여서 행사하는 걸 보실 수 있습니다.

문: 그러면 그 제사는 누가 주관하시나요?

답: 옛날에는 유림儒林에서 했는데, 지금은 그 유림이 좀 희미해져서 여기 모셔진 저희 충의공 자손들하고 일성공日省公(권응심) 자손들이 모여서 합니다. 가끔 지역 면장님이나 시의원님이나

시장님이 번갈아 가면서 와서 초헌관初獻官으로 모시고요. 전에는 춘향春享과 추향秋享을 지냈는데, 지금은 춘향만 지내고, 추향 대신 음력 10월 12일 묘소에서 묘사墓祀를 드립니다.

문: 제수 준비 같은 거 어떻게 하시는 거예요?

답: 뭐 방법이 있어요? 영천시장 가서 다 사 와야지요. 80년대 제가 제대하고 왔을 때는 각 문중에서 어르신들이 저녁에 와 저녁 식사를 하시고 얘기하시고 있으면, 저희가 밤참으로 곰국 끓인 것을 한 그릇씩 다 내가는데, 그것도 한 상에 나가는 게 아니고 외상을 수십 개씩 나르고, 그다음에 아침 되면 아침상 나가고, 향사 지내고 나면은 그다음에 의복도 다 챙겨 드려야 했죠.

문: 향사를 원래 귀천서원에서 지냈다 하셨잖아요. 그러면 지금 여기서 음식을 다 준비하고 귀천서원으로 옮기신 거예요?

답: 아니요. 그전에는 귀천서원에 가서 했고, 이곳 경충사로 이안해 와서는 여기서 했고요. 귀천서원에 관리인(고지기)이 있어서 거기서 다 준비했죠.

문: 그러면 여기서 향사 지내기 시작한 게 한 20년 됐겠네요?

답: 20년도 더 넘었지요.

문: 귀천서원 2월 춘향에 대해 더 여쭤 보겠습니다.

답: 2월 초하룻날 문중에서 모여서 향사의 집사분정執事分定을 초선初選합니다. 초헌관과 아헌관亞獻官 등 집사분정을 그날 모여서 회의하면서 초선합니다. 여기 관리실에서 합니다. 그날 참석이 가능한 분으로요. 시장님이 오실 수 있고, 그다음에 시의원님이나 면장님이나 오시면 이렇게 초헌관을 정합니다. 그날

보통 다 정해지죠. 타진해서 가능하다 하면 정해집니다.

문: 귀천서원에서 향사 지낼 때 향사 소임들이 미리 오셨을 것인데, 그분들은 귀천서원에서 묵으신 거예요?

답: 그곳에 얼마 전까지 관리사도 있었고, 거기 관리사에 관리인(고지기)이 살았어요. 지금은 돌아가셔서 없어요. 강당 익실翼室에서 묵으셨습니다.

문: 서원의 현판 등은 어떻게 되었나요?

답: 충훈각 쪽에는 유물관 말고 경충사 안에 현판이 몇 개 있는데, 뒤쪽에 기문記文이나 시판詩板이 몇 개 있고, 장부帳簿도 금고에 하나 들어 있습니다.

문: 향사 음식은 지금은 여기서 다 준비하시고, 귀천서원에서 지낼 때는 귀천서원에서 다 준비하셨겠네요?

답: 귀천서원 향사는 말 그대로 종가의 기제사가 아니니까 충의공 자손이나 자손이 아니더라도 다 모였지요. 서원은 향내鄕內 유림에서 재산을 모아서 서원을 짓고, 그다음에 그 사람들이 향사를 지냈고, 우리가 지낸 거 아닙니다. 우리는 준비만 하고, 본래 다른 문중에서 다 와서 지냈습니다. 제가 제대하고 왔을 때만 해도 우리는 그냥 뒤에서 절만 하고, 앞에서 하는 건 다른 문중에서 나왔습니다. 헌관獻官이나 다른 소임 몽땅 다요. 예전에는 다른 문중에서 40~50명씩 많이 오셨는데 지금은 달라졌죠.

선조 권응수와 백운재종가에 대한
문중 인사들의 생각

2 사라진 갑현 백운재종가와 안동권씨 동족 마을 풍경

1990년대까지도 전국 곳곳에 존재하던, 종가를 중심으로 자손들이 넓게 퍼져 살던 동족 마을을 지금은 찾아보기 어렵다. 생활 환경이 도시 중심으로 바뀌면서 텅 비어 버린 농촌 마을은 특별하게 보호할 가치가 있는 문화유산이 있어 한옥마을이나 고가촌 등 관광자원으로 개발된 곳이 아니라면, 이미 우리들의 기억만이 아니라 공적 기록 속에서도 그 이름이 사라지고 있는 것이 현실이다. 백운재종가 종택을 포함해 주변 자손들이 거주하던 갑현 마을은 1968년의 수재로 모두 사라지고 말았다. 그러나 당시의 수재와 종택, 옛 마을의 모습은 도리어 자손들의 기억 속에 생생하다. 종가가 사라지고 주인이 떠난 뒤 텅 비어 버린 옛 마을

청류당 유허비

을 자신들만 지키고 있는 안타까운 마음도 이야기에 함께 묻어난다.

문: 종가와 마을은 언제 없어진 것인지요?

답: 1968년 8월 15일 마을 뒤쪽의 저수지가 터지면서 수마에 이 동네가 다 떠내려가 버렸습니다. 우리 집 뒤쪽 산에 올라가서 저수지 터지는 걸 보았습니다.

문: 백운재종가는 어디 있었습니까?

답: 옛날 종가는 아흔아홉 칸 집이었는데, 여기 충의공 선조 유적지 유물관 터에 있었습니다. 종가만이 아니고 이 다리 밑으로 들어오는 길에 집 14채가 쫙 있었는데, 모두 떠내려갔습니다.

문: 종손은 서울에 계신다고 하던데, 자손들도 다 서울에 있는지요?

답: 자손들은 지금 다 미국으로 가 버리고 없습니다. 차종손이 가족을 데리고 미국으로 이민 가 버렸습니다.

문: 음력 7월 12일 충의공 불천위 제사는 서울의 종손이 그곳에서 모시나요, 아니면 여기 내려와서 모시나요?

답: 서울에서 종손이 모십니다. 저희가 여기에서 충의공 기일 제례 비용으로 50만 원 보냅니다. 서울로 따로 가진 않고요.

문: 그럼 불천위 제사는 언제부터 서울 종손께서 서울에서 지내신 거예요? 원래 같으면 여기서 지내셨을 것인데, 왜 옛날에 여기 종택 있을 때는 종택이었던 신주가 여기 있었을 게 아닙니까?

답: 그게 오래됐죠. 그때는 서울도 안 가신 채 여기서 지내셨고 여기서 모셨지요.

문: 그러면 불천위 제사는 종손이 따로 모시고 향사가 이제 주가 되는 제사인가요?

답: 자손들은 향사 때 모입니다. 향사 때와 묘사 때 이렇게 모이는데, 제가 여기 참석하고는 종손은 안 오셨던 것 같아요. 향사 때도요.

3 선조 권응수에 대한 생각

권응수는 임진왜란 발발 초기 영남 지역 의병대장으로 '창의정용군倡義精勇軍'을 조직해 영천성永川城을 수복한 뒤, 임진왜란과 정유재란 등 전란 기간 내내 경상도 병마사와 방어사 등으로 왜적 퇴치에 전력하여 선무공신 2등 제2위 전체 5위에 책록되고 화산군花山君에 봉해졌다. 임진왜란 전장의 국면을 전환한 영천성 수복이 임진왜란 3대 대첩에 버금가는 큰 승리이자, 조선군 최초의 승리였던 점을 높이 평가한 것이다. 종가는 자손으로서 이러한 선조를 둔 것을 큰 자부심으로 여기면서도, 자신들의 선조가 충분히 조명되지 못하고 있고, 또 그 유적지에 대한 성역화 사업이 이루어지지 못하고 있음을 아쉬워하고 있다. 옛날과 달리 선조에 대한 현양이 특히 경제적인 측면에서 개인이나 한 문중 차원에서 이루어지기 어려운 현실이기에 그에 대한 고충도 함께 토로하고 있다.

문: 불천위 조상님 충의공에 대해 간단하게 설명해 주신다면요?

답: 충의공에 대해서는 대한민국이 다 알고, 실록에도 책이 한 권 될 만큼 실려 있습니다.

문: 그렇다면 문중에서 조금 강조하고 있는 거라든가, 혹은 이런 부분들은 좀 이후에도 이어져야겠다고 생각하시는 부분들이 혹시 있습니까?

답: 충의공이 처음 의병을 일으켜서 의병에 대한 리더십, 이런 부분이 아직 그 조명이 제대로 안 되어 있는데, 군율도 군율이지만 군량 조달이나 분배, 병사들의 관리를 어떻게 잘했는지 조명이 제대로 안 되어 있습니다. 이런 면이 새롭게 조명될 필요가 있습니다.

문: 또 충의공의 선양에 대해 안타까운 점이 있는지요?

답: 충의공은 선무공신 18분 중에 2등 제2위 전체 제5위입니다. 전국 어디를 가나 선무공신 18분 중에 그 유적지가 성역화되지 않은 곳이 없는데, 영천의 충의공 유적지만 성역화되어 있지 않습니다. 저희 후손이 못나 그런 건 아닌가 생각합니다. 영천성 기념사업회가 만들어져서 지금 인제 수면 위로 올라온 그런 상황입니다.

문: 선조 충의공이나 자손 중에 들어 말씀하실 분이 있으신지요?

답: 영천 신녕 입향조이신 구의헌九宜軒(권열權洌) 선조입니다. 광주 목사를 하시다가 연산군의 난정을 극간極諫하다가 이곳으로 피해 오셨다고 합니다.

문: 그러면 충의공은 어떻게 이쪽으로 오신 건가요?

답: 구의헌 선조가 영천시 신녕면 가상리 가래실에 입향하시고, 충의공이 그곳 가래실에서 창의하신 뒤 나중에 영천시 신녕면 매양리 화양동華陽洞(어일동於逸洞)으로 오셨는데, 그에 대해서는 전설이 있습니다. 화양동에는 아흔아홉 칸 종가가 있었습니다. 우리 선조는 선무공신으로 화산군에 봉해지고 공조 판서를 지내신 뒤 좌찬성에 추증되셨으니, 신녕 고을 원님이 오면 급이 크게 차이가 나잖아요. 그래서 신녕 고을 원님이 부임해도 꼼짝 못 했다고 합니다. 하루는 어떤 스님이 지나가다가 원님에게 "원님은 이제 경치 좋은 곳에 부임하셨으니 살기 좋으시죠?"라고 하자, 원님이 "저 안동권씨 충의공 자손들 때문에 못 살겠다."라고 하더랍니다. 그러자 그 스님이 원님에게 마을 앞쪽 강변에 있는 버드나무 숲을 다 베어 버리면 안동권씨 충의공 종가가 사라질 거라고 일러 주어 그렇게 하고는 1년 만에 종가에 불이 났다고 합니다.

문: 그래서 이쪽으로 옮겨 오신 건가요?

답: 그러고 나서는 잘 지냈고, 그다음에 저희한테 6대조 할아버지 준準 자 병秉 자 선조가 이곳 청류당聽流堂 집에서 나셔서

종가로 양자 가셨습니다. 준 자 병 자 선조의 형제는 네 분이 있었는데, 다들 잘 되었습니다. 재산적으로도 그렇고 출세도 많이 하시고요.

문: 어 그러면 종가가 종가 내에서 좀 끈끈하게 뭐 연락도 좀 하시고 그러시지 않나요?

답: 근데 연락하는데 지금 연세들이 다 90세이시고 지금 서울 계십니다. 지금 안 그래도 우리가 저기 영천복성비永川復城碑를 작년에 세웠는데, 제가 사진으로 다 보내드리니까 야야, 내가 못 움직여서 못 가겠다, 가고 싶은데, 하시는 분들입니다.

문: 그러면 종회를 이끌어 가는 게 좀 어렵겠네요?

답: 우리 2월 중정 향사 지낼 때 거의 다 모이시니까 회의도 하고 앞으로 어떻게 할 것인지 그 자리에서 의논합니다.

문: 그러면 이제 문중 차원에서는 종가를 계속 보전하기 위해서 어떤 사업을 하자든가, 아니면 어떤 것들에 뭘 하자든가 이런 게 있을 거잖아요. 그럼 어떤 게 있을까요?

답: 어떻게든 이어 가야 한다는 생각은 다 하고 있죠. 그 귀천서원 가 보셨죠? 시내 앞에 신도비神道碑가 막 넘어갔어요. 그래서 우리 사비私費 들여 보수하다가, 한번 계기를 모으니까 열기는 좀 대단한데, 사는 데 지금 좀 바쁘지 않습니까? 옛 조상 생각도 전부 다 희미해지고요. 제 생각으로는 하다못해 여름방학 때 젊은 자손들이라도 모아 놓고 뭐 보학 강좌라도 한번 했으면 싶은 그런 생각을 많이 갖고 있습니다. 그러나 여

력이 조금 부족하죠.

문: 아무래도 좀 어려운 점이 경제적인 측면이신 거죠?

답: 저희도 촌에 땅이 있긴 있는데, 이 재산세가 너무 많이 나와요. 산 같은 게. 옛날에는 땅이 귀할 때는 그 돈을 받아서 묘사를 차린다든지 뭐 그게 다 됐는데, 지금은 일단 남 줘서 소작 받는 걸로 재산세 내기도 모자라요. 우리가 200만 원을 받는데 세금이 400만 원씩 나옵니다. 올해 내가 답답해서 산을 국가에다가 사달라고 합니다. 지금 산이 많아 재산세 너무 많이 나가서 골치 아파요. 안 그래도 이제 종손 어른을 한번 내려오시라고, 가을이라도 건강 되시면 가을 묘사 때 뵙자고 했는데 못 내려오십니다.

선조 권응수와 백운재종가에 대한
문중 인사들의 생각

4 백운재종가의 장래에 대한 고민

요사이 종가나 문중 소유의 전래 건축물이나 주요 문적文籍 등 문화재를 개인이나 한 문중 차원에서 지켜 나가는 것은 현실적으로 어려움이 많다. 건축물을 유지 보수해 가기 위한 비용 마련도 어렵고, 문화재로 등록된 문적을 도난이나 훼손 없이 소장하기도 어렵다. 이에 대한 대안으로 전래 건축물을 문화재로 지정하거나, 주요 문적을 박물관 등에 기탁 또는 기증하더라도 여전히 문제는 남는다. 전래 건축물의 경우 문화재로 지정하더라도 그 소유가 개인 또는 문중이면, 최소한의 유지 보수 외에 재산세를 비롯한 상당한 유지 비용을 개인이나 문중이 감당해야 한다. 또 주요 문적을 박물관 등에 기탁 또는 기증하게 되면, 그 활용에 심한 제약을 받게 마련이다. 백운재종가가 1980년 보물로 지정된 권응수 유물을 한 차례 도난당한 이후 되찾아서 국립진주박물관에 기탁한 뒤로는, 자손들이 필요한 때 거의 사용할 수 없게 된 것도 그 대표적인 예이다. 이러한 문제를 포함해 백운재종가의 장래에 대한 자손들의 생각을 들어 보면 이러하다.

문: 종가의 어려운 점과 그걸 해결할 방안도 말씀해 주시지요.

답: 재산이 산이다 보니까 재산세가 많이 나와요. 전에는 임대료를 가지고 참 묘사도 차리고 벌초도 하고 다 됐는데, 지금은 하여튼 새로 지금 우리가 돈을 만들어서 해야 할 그런 상황이죠.

문: 그러면 지역사회하고 공조한다든가, 아니면 혹은 왜 종가로 인해서, 요즘에는 지역 사업의 하나로 종가 사업을 하는 곳들도 있더라고요. 지역사회의 어떤 문화유산 그런 걸로 인제 연결해서 나오기도 하고 그렇거든요.

답: 저희도 입향조의 가래실에 가면 옛날에 고택 체험 이런 것도 처음에 하다가, 그것도 한때 반짝 지나가는 그런 사업이고 안 돼요. 더구나 지금은 우리가 전부 문화 수준이 올라가다 보니까 고택 체험할 거면 옛날 집이니까 너무나 열악하잖아요. 그러니까 그걸 하려는 사람이 잘 없어요. 안동 같은 경우면 몰라도.

문: 그러면 여기는 지금 뭐 지역사회가 아까 향사 지내고 할 때 시의원도 오고 하시잖아요. 그러면 이제 지역사회하고 연계해

서 뭘 하는 사업이 있다든가 그런 건 지금 전혀 없나요?

답: 특별하게 뭐 지역사회랑 연계해서 하는 사업은 없고, 향사 지낼 때 어떨 때는 시장도 돌아가면서 한 번씩 오는 정도지요. 지역사회랑 연계된 프로그램을 운영하는 건 없어요. 저도 여기 들어온 지 이제 5년째인데, 79년도에 저 경충사 담장하고 경충사 부지를 마련해서 짓고 난 다음에 철제담장이니까 녹이 슬고 앞 양쪽에 기둥들이 지금 다 훼손되어 참 흉물 비슷하게 그렇게 되어 있습니다. 그래서 시장님한테 직접 이야기하는 건 그러니까, 시의원이라든지 시장실 통해 이야기해서 담장 보수라도 하고 싶지만 안 돼요. 문화재가 아니라서요. 광복 70주년인가 그때 당시에 여기 돌아보러 온 사람들이 저걸 보고 깜짝 놀랍니다. 왜 그러냐면은 문화재가 아니라서요. 문화재계文化財係에 계속 보수 신청을 해도 아직 답이 없어요. 사실 우리는 진주국립박물관에 간 문화재 중 보물이 2점 있어요. 조금 전에도 말씀드렸지만, 선무공신 열여덟 분 중에 유일하게 성역화되지 않는 곳이라는 것은 참 아이러니하고요. 임진왜란 때의 공이 3대 대첩에 버금가는데, 어떻게 이리 잊혔는지 모르겠어요. 황현필이 얘기하면서 '영화를 만들어도 수십 편을 만들 수 있는 자료가 되는데 왜 영화를 안 만들지' 할 정도로 그만큼 이게 전투가 상당히 일본 전사에 보면 다른 사람은 없어도 우리 충의공 선조하고 싸우는 전투는 전사가 나와 있어요. 이미 임진왜란 때 일본에서 전설이 되었어요. 우는 아이들한테 조선

의 권응수 온다고 하면 울음 그쳤다 할 정도로 그만큼 유명한 분이었습니다. 그러나 지금 영천에서는 뭐라고 해야 되나, 이게 우리 문중에서 할 일이 아니고 관에서 누가 나서서 해 줘야 하는데 그게 참 좀 답답한 점입니다. 의병장으로 경상좌도 병마절도사 뭐 이렇게 직함이 쫙쫙 올라갔는데 전투에서 승리 안 하고 올라갔겠습니까. 수많은 전투를 하셨거든요. 전란 때 다른 장수보다 몇백 배 더 많은 전공과 이런 것은 안 알려지고, 저희가 어떻게 해야 할지 모르겠습니다.

문: 안 그래도 다른 곳은 종가 보존을 위해 박물관이라든가 어떤 사업을 시도하고 계시던데요.

답: 저희가 유물관에다가 전시했거든요. 했는데 유물을 분실했어요. 분실해서 그게 방송을 타 버리자 얘들이 못 팔아먹으니까 다시 여기 휴지통에 갖다 놨는데 다시 우리가 회수했어요. 그래서 진주국립박물관으로 간 거고요. 유명한 게 저희는 아까 말씀드린 어사병풍御賜屛風이 있거든요. 거기에 보면 그때 공신 예순세 명이 거기에 다 적혀 있어요. 허준박물관을 지어 놓고 허준에 대한 기록을 찾으면 아무것도 없고, 유일하게 우리 충의공 선조 어사병풍에 허준이 있어서 그것을 전시한다고 하니까 진주국립박물관에서 안 된다고 합니다. 그다음에 이여송 장군한테서 받은 벼루, 그리고 장검長劍은 논문이 나왔을 정도이고, 일본에도 한 점밖에 없어서 옛날에 일본 NHK에서 다큐멘터리로 한번 찍어 갈 정도였으며, 그 장도를 만든 후손들

이 특별기 타고 와서 보고 갔습니다.

문: 그러니까 이 종가에서 뭔가를 따로 사업을 한다거나 할 부분이 훨씬 줄어드네요?

답: 저희 문중에서 할 일은, 영천에 박물관이 없었는데 역사박물관을 지난 5월인가 기공식을 했거든요. 2027년도나 2028년에 완공되면 진주국립박물관에 맡긴 유물을 찾아와서 영천에서 전시하는 걸로 좀 해야 하는데 그게 아직은….

문: 앞으로 종가를 어떻게 이어 나갈 건가에 대한 고민이 많으실 텐데요. 어떤 방향으로 좀 보존되기를 바라시는지, 그러니까 뭐 크게 그렇진 않더라도 지금이요.

답: 아까 말씀드렸지만, 불천위는 국가에서 지정해서 영원히 제사를 모시라고 한 것이니, 저희가 보존을 잘해야 하고 앞으로 선조들의 전통을 잘 이어 가도록 노력을 해야 하는데, 참 여러 가지로 좀 여건이 열악해서 저희도 고민 중입니다. 당장은 휴가철이라도 젊은 자손들을 모아 놓고 보학 교육을 한 번 시켜 볼까 이런 생각을 많이 합니다. 그러니까 인제 서원이 완공되면 거기 서원 설명도 하고, 한 번씩 젊은 자손들을 모아서 보학 교육을 한 번 시켜 보는 것도 좋겠다 생각합니다.

문: 서원 완성이 되면요?

답: 소방관인데 신녕센터장으로 오셔서 한날 날 보더니, 권 형 여기 와보소. 빛나는 후손이 저 신도비각이 비스듬히 기울어 넘어가려고 하는데 저렇게 있어서 되겠느냐고 하기에 내가 부끄

럽잖아요. 그래서 서원에 올라갔더니 정말 비스듬히 기울었어요. 우리 청장년회 모아 놓고 그 사실을 설명해서 우리 서원이 이 꼴이라야 되겠느냐 했습니다. 제가 마늘 농사를 짓는데 마늘 창고에 수확해 놓은 마늘 팔아서 제가 고쳐야겠다고 했습니다. 집안 아재 한 분이 야야, 그럼 당장 하라고 해서 견적을 내 보니 200만 원 나온 것을 그때 제 돈 100만 원 하고 그 아재 돈 100만 원으로 임시로 고여 놓았습니다. 그리고 영천시 문화재계에 갔더니, 그때 마침 저도 마침 행운은 행운이었지, 문화재 계장이 제 친구라서 우리 저 신도비가 넘어가는데 지금 내가 절단 난다, 집안 어른들한테 맞아 죽지 싶다고 하니까, 거기서 시의원들하고 움직여서 7천만 원인가 받아서 신도비각 수리를 먼저 하고, 그다음에 어사영각御賜影閣도 비도 새고 그다음에 강당도 엉망이고 그래서 어사영각 작업하고 앞에 강당도 수리하고, 이렇게 지금 수리하는 중입니다. 아까 말씀드린 그 담장하고 외삼문과 동서재를 지금 문화재 공사했던 팀에게 견적을 달라고 해 놓고, 그걸로 지금 도에다가 요구하려고 합니다. 담장하고 외삼문도 없고 동서재도 복원해야 합니다. 지금 강당채 4억 5천에 한 7억 들어간다고 합니다. 문화재는 고치려고 하니 돈이 너무 많이 들어요. 그 문화재 신청을 해 놓은 것을 용역비 2천만 원 들여 용역 줘서 지금 해 놨는데, 자료는 만들어 놨는데 도에서 보류된 상태거든요. 지금 그걸 다시 해 달라고 좀 영천시에 말하고 있습니다.

참고문헌

『(국역)충의공권응수장군실기』

『안동권씨능라군파보』

권영국, 『화산지』

황준량, 『금계집』

윤근수, 『월정집』

김성일, 『학봉집』

김면, 『송암유고』

이영세, 『일휴정집』

김방걸, 『지촌집』

윤봉구, 『병계집』

이광정, 『눌은집』

남유용, 『뇌연집』

조용석, 『북계집』

이광정, 『소산집』

채제공, 『번암집』

노상추, 『노상추일기』

남공철, 『금릉집』

서유구, 『풍석고협집』

박규수, 『환재집』

이헌영, 『재교집략』

류영희, 『성성록』

『선조실록』, 『선조수정실록』

『영조실록』

『승정원일기』

『삼강행실』

『동국삼강행실도』

지은이

정 석 태 鄭錫胎

경상북도 예천에서 출생하였다. 고려대학교와 동 대학원에서 한문학으로 석사와 박사 학위를 받았다. 현재 부산대학교 점필재연구소 영남권거점번역센터 책임연구원으로 재직 중이다. 대학원 진학 이후 줄곧 퇴계학을 공부하고 있고, 지금은 경상남도 지방의 유교문화에 대해서도 함께 공부하고 있다. 저서로는 『퇴계선생연표월일조록』(4책), 『소백산이 품어 안은, 영주 금계 황준량 종가』 등이 있고, 역서로는 『안도에게 보낸다』, 『동유일기』 등이 있으며, 논문으로는 「퇴계집의 편간 경위와 그 체제」, 「영남루문단의 형성과 전개과정」, 「신산서원의 강학 전통」 등이 있다.

경북의 종가문화 80

충효의 정신이
살아 숨 쉬는,

영천 백운재 권응수 종가

찍은 날 2025년 6월 20일
펴낸 날 2025년 6월 24일

기획 경상북도 · 경북대학교 영남문화연구원
지은이 정석태
펴낸이 허영우
펴낸 곳 경북대학교출판부
출판등록 1973년 10월 10일 ㉣97호
주소 대구광역시 북구 대학로 80
전화 053-950-3830
팩스 053-953-4692
이메일 press@knu.ac.kr
홈페이지 http://knupress.com

ISBN 978-89-7180-661-6 94900
978-89-7180-657-9 (세트)

정가는 뒤표지에 있습니다. 파본은 바꾸어 드립니다.